NOTICE HISTORIQUE

SUR

BEAUCAMPS-LE-JEUNE

(Somme)

suivie d'une Notice sur Anne de Pisseleu

Par P.-L. LIMICHIN

REIMS

IMPRIMERIE DE L'ACADÉMIE (Nestor MONCE, dir.)

Rue Pluche, 24

—

1898

BEAUCAMPS-LE-JEUNE

NOTICE HISTORIQUE

SUR

BEAUCAMPS-LE-JEUNE

(Somme)

suivie d'une Notice sur Anne de Pisseleu

Par P.-L. LIMICHIN

REIMS

IMPRIMERIE DE L'ACADÉMIE (Nestor Monce, dir.)

Rue Pluche, 24.

—

1898

VUE DU CHATEAU

(D'après une Photographie communiquée par Mlle L. des Mazis)

NOTICE HISTORIQUE

SUR

BEAUCAMPS-LE-JEUNE

Beaucamps-le-Jeune. — Situation.

A 207 mètres d'altitude, sur les limites du département de la Somme, s'élève le village de Beaucamps-le-Jeune, dont le territoire s'étend sur une des magnifiques collines qui forment la riante vallée de la Bresle. — 370 habitants, — 100 électeurs. En 1834, on comptait dans ce village 650 âmes, et les anciens registres de l'état civil laissent supposer une population beaucoup plus considérable aux siècles derniers. L'épidémie de 1694, qui enleva 150 personnes en quelques semaines, paraît indiquer qu'à cette époque le nombre des habitants de ce pays était relativement élevé.

La superficie territoriale de cette commune est de 672 hectares, dont 392 hectares en terres labourables, 158 hectares en bois et le reste en pâtures et jardins.

Le village de Beaucamps-le-Jeune fait partie de l'arrondissement d'Amiens et est éloigné de cette ville de 45 kilomètres.

Hornoy, son chef-lieu de canton, est à 13 kilomètres.

Bureau de poste : Aumale (Seine-Inférieure).

Bureaux télégraphique et de perception : Beaucamps-le-Vieux (1).

Brigade de gendarmerie et justice de paix : Hornoy.

Autrefois, Beaucamps-le-Jeune était compris dans la généralité de Rouen, l'élection de Neufchâtel et le bailliage de Caux.

Les recettes ordinaires de la commune atteignent 3,780 francs ; la valeur du centime est de 46 fr. 37 ; centimes additionnels ordinaires : 47 ; extraordinaires : 3. Bureau de bienfaisance, dont le revenu annuel est de 280 francs.

Il n'existe aucune industrie dans ce village. La culture, les bois, le commerce des bestiaux et des pommes à cidre sont les seules richesses du pays.

Le territoire de Beaucamps-le-Jeune est limité par les communes de Beaucamps-le-Vieux, La Fresnoye, Montmarquet, Guémicourt, Saint-Germain-sur-Bresle.

Principaux lieuxdits : Les Éroutis, bois de la Queue-Comtesse, bois de l'Abbaye, bois du Corroy, chemin de Paris à la mer, Mont-de-la-Salle, la Madeleine (2), la Remise, le Blocaux, la Terre-des-Pauvres, la Marécart, le Cimetière, la Butte-du-Chemin-de-Blangiel, l'Anglé, le Blanc-Pain, l'Hommelet, le Bout-de-la-Ville, le Pont, le Gros-Chêne, la Vallcète, chemin de Liomer, sentier de la Boissière, le Champ-du-Meillier ou du Merlier.

(1) Beaucamps-le-Vieux, est à 3 kil. 250 de Beaucamps-le-Jeune.
(2) Ainsi appelé, parce que cette terre devait autrefois appartenir à une léproserie.

Le Chemin de Paris à la Mer. — Origine de Beaucamps-le-Jeune. — Seigneurie.

Avant le xiie siècle, époque de la fondation de *Beaucamps-le-Jeune*, existait, sur l'emplacement de ce village, une immense forêt qui s'étendait depuis le confluent du Liger et de la Bresle jusqu'au delà de la rivière de Poix. Cette forêt, plus de vingt fois séculaire, était habitée par des bêtes fauves et servait de refuge à quelques malheureux refoulés par les invasions. Elle formait une barrière naturelle, infranchissable aux peuples venant du Nord.

Au iie ou au iiie siècle de notre ère, les Gallo-Romains établis sur les bords de la Bresle avaient construit à travers cette forêt une route qui mettait en communication *Brantuspantium* (Beauvais), ville considérable des Bellovaques et grand centre commercial, avec les principales stations de la vallée et avec une cité importante, *Augusta*, disparue dans la tourmente des invasions et dont on retrouve aujourd'hui à peine quelques vestiges. La voie d'Augusta (1) à Brantuspantium a laissé de nombreuses traces qui permettent de la reconstituer entièrement. Au moyen âge et même jusqu'au xviiie siècle, cette route, qui prit le nom de *chemin de Paris à la mer*, était très fréquentée par les mareyeurs allant du Tréport à la capitale.

Beaucamps-le-Jeune étant situé à quelques centaines de mètres de cette ancienne chaussée, on pourrait croire

---

(1) Cette voie paraît avoir été restaurée du vi^e au viie siècle par Brunehilde ; en certains endroits, elle prend le nom de chaussée Brunehaut.

que la fondation de ce village est due à la proximité de cette voie.

Cependant la tradition est contraire à cette opinion, quoiqu'il soit possible de constater, aussi bien dans la vallée de la Bresle que dans celle du Liger, des restes d'établissement remontant au moins à l'époque gallo-romaine.

Ne pouvant nous appuyer sur des documents certains, nous sommes obligés de recourir aux récits que nous ont transmis les siècles.

En effet, une tradition nous apprend (1) que près de l'emplacement actuel de *Beaucamps-le-Jeune*, quelques Normands s'étaient établis vers l'an 1000, et que sur la fin du xie siècle ils avaient défriché une partie assez considérable de la forêt située alors de chaque côté du chemin qui descend de nos jours à Aumale. Cette tradition, qui paraît avoir quelque valeur, suffirait à prouver que le territoire de *Beaucamps-le-Jeune* dépendait à cette époque de la Normandie.

Ce fut vers le même temps, en 1033, que le duc Robert le Diable jeta sur les confins de la Normandie, au delà de la rivière de Bresle, une tribu bretonne que les destinées de la guerre avaient placée sous sa domination. Ces nouveaux venus défrichèrent presque entièrement le plateau formé par le Liger et la Bresle et s'établirent définitivement en un lieu qu'ils nommèrent Beaucamps. Ce Beaucamps devint Beaucamps-le-Vieux.

La tribu bretonne ayant prospéré étendit son territoire vers Aumale et fonda avec les quelques Normands occupés à l'abatage du bois un second village qui fut appelé dans la suite *Beaucamps-le-Jeune*.

Sur la fin du xiie siècle, *Beaucamps-le-Jeune* formait

(1) *Notice historique sur Beaucamps-le-Vieux*, du même auteur.

un arrière-fief dépendant de Beaucamps-le-Vieux. Un siècle plus tard, *Beaucamps-le-Jeune* était constitué en seigneurie relevant du comté d'Aumale.

« Le fief de *Beaucamps-le-Jeune*, nous apprend un aveu du xviiᵉ siècle, était un plein fief de haubert assis dans les fins et limites du duché-pairie d'Aumale et s'étendant en la paroisse du dit Beaucamps. Il relevait du duc d'Aumale par foi et hommage de bouche et de mains avec 15 livres tournois de relief dudit duché par raison duquel fief de haubert, le seigneur avait droit de basse justice, coutume de Normandie; droitures d'hommes, hommages, rentes en deniers, grains, œufs, oiseaux, volailles, champart et demy champart, tor, ver, colombier à pied, four, affouages, droits d'herbages, aides, reliefs, treizièmes amendes, forfaitures, confiscations et autres droits et devoirs seigneuriaux (1). »

Le plus ancien possesseur de la terre de *Beaucamps-le-Jeune* que nous voyons apparaître dans les documents, est Alexandre de Beaucamps, Jean, son fils, patron de l'église, qui vivait au xiiiᵉ siècle, est mentionné dans un pouillé du diocèse de Rouen. Il mourut à un âge avancé et fit la croisade de Constantinople en 1204. Ce fut probablement lui qui rapporta la relique de la sainte Croix que l'on voit encore dans l'église de *Beaucamps-le-Jeune*, et qui était au siècle dernier l'objet d'une grande vénération. Un de ses descendants, Adam, fit un dénombrement de sa terre au comte d'Aumale. Le fief de *Beaucamps-le-Jeune* se composait à cette époque d'un manoir, de 18 journaux de bois, 150 journaux de terre, un four banal et un droit de champart qui rapportait 24 mines de grains ; « item, les herbaiges de toutes les bestes à

(1) Archives du château de *Beaucamps-le-Jeune*.

¹aine de Beaucamps, reservé deux masures, et de tous les tenans, les tenanches ou qu'ilzs soient semblablement et par tous les lieux dessusditz. A le sire de Beaucamps ventes, reliefs, cour et usaige comme a bas justicier appartient et en a sçavoir que le dit sir tient un fief du côté d'Aumale en la ville de Beaucamp et ez appartenances par fief de pleines armes et par hommaige ; par 60 sols de relief et 32 sols d'aides ». Ce dénombrement ne porte aucune date. De la terre de *Beaucamps-le-Jeune* dépendait au xive siècle un arrière-fief situé non loin d'Aumale, près du lieu dit les *Brochets*. Cet arrière-fief appartenait alors au sieur Coquerel et était tenu par une livre de poivre.

Adam paraît être le dernier seigneur de la famille de Beaucamps. Son héritière Marie transporta la terre de *Beaucamps-le-Jeune* dans la maison de Brétizel par son mariage avec Jean.

Jean de Brétizel vivait vers la fin du xiv° siècle En 1396, le 29 septembre, il reçut un aveu de Jean de La Boissière, dit Tristan, pour un fief situé à *Beaucamps-le-Jeune* et tenu par hommage de foi et de main et par « service de ronchin ou ronchier toutes les fois que le cas échet ». Ce fief devait 10 sous parisis de relief et 5 sous d'aide « le cas échéant ». « Le dit aveu eut lieu le vendredy penultiesme jour de septembre, l'an de grace 1396 (1). »

Au décès de Jean de Brétizel, la seigneurie de *Beaucamps-le-Jeune* passa à Nicolas d'Ellecourt, écuyer, seigneur de Brétizel et d'Ellecourt. Nicolas n'eut pas d'enfant de son mariage avec Colaye de Villepoix, et, à sa mort, la terre de *Beaucamps-le-Jeune* fut partagée entre sa veuve et ses neveux Jean Fossart et Jean Lefebvre.

---

(1) Archives du château de *Beaucamps-le-Jeune.*

Colaye de Villepoix s'étant mariée en secondes noces à Guillaume de Pisseleu, ce dernier acquit le 2 janvier 1471, en vertu d'un contrat fait à Grandvillers, les biens que Jean Fossart et Jean Lefebvre possédaient « en la seigneurie de *Beaucamps* », et qu'ils avaient hérités de Nicolas d'Ellecourt. Le 18 août de la même année, Guillaume Lefourt vendit au seigneur de Pisseleu, par lettres de procuration passées devant les mayeur et échevins de Gamaches, quelques parcelles de terre situées à *Beaucamps-le-Jeune*.

Par ses nombreuses acquisitions, Guillaume de Pisseleu agrandit considérablement la seigneurie de *Beaucamps*. Il acheta le 13 janvier 1481 à Lancelot de Lamarre (1), seigneur de La Boissière, et à Béatrice de La Boissière, son épouse, « trois fiefs nobles ou portions de fiefs assis en la comté d'Aumale, à Beaucamps, Breteuil et Blangiel, tenus de la seigneurie de *Beaucamps-le-Jeune* ». Cette vente fut consentie au prix de 80 livres tournois avec « 20 sols pour le vin ». Le seigneur de Beaucamps obtint encore de Jean Bourbet le fief de Jean Dumesnil, sis à Inval. Il racheta, le 20 mars 1500, au seigneur de Grosmesnil, Guillaume de Chenneviller, une rente de 70 sols moyennant la somme de 35 livres « une fois payée ».

A la mort de Guillaume de Pisseleu, la seigneurie de *Beaucamps-le-Jeune* et ses dépendances furent assignées en héritage à Louise de Pisseleu, épouse de Guy-Henri Chabot, à l'exception du fief des Éroutis qui en fut distrait vers 1539 au profit de la duchesse d'Étampes. Le 6 mars 1553, Guy Chabot céda à Charles de Runes tout ce que sa femme possédait à *Beaucamps-le-Jeune* et aux environs.

(1) Lancelot de Lamarre avait hérité ces biens de son cousin, Jean de Pierrecourt, seigneur de La Boissière.

Cette vente fut ratifiée par Charles de Pisseleu, évêque de Condom, et par messire Jean de Pisseleu, « chevalier de l'ordre du roy et gouverneur de Corbie », qui toucha 300 livres pour prix de son adhésion (12 août 1553).

La terre de *Beaucamps-le-Jeune* fut possédée durant un siècle par la famille de Runes ; elle passa ensuite dans la maison d'Estrades par le mariage de Thérèse de Runes avec Louis d'Estrades.

D'après un dénombrement servi le 13 juillet 1686, par le comte d'Estrades « à madame royale de Savoie, duchesse d'Aumale », la terre de *Beaucamps-le-Jeune* consistait à cette époque en « un château, remises, rucher, écuries, vacheries, bergeries, granges, celliers, colombier, batiment à usage de pressoir avec tout le mécanique dudit pressoir, infirmerie, fournil, brique-terie, cour, basse-cour, jardin, herbages plantés d'arbres fruitiers, enclos en labour, avenue de charmilles, autre avenue plantée de deux rangées de poiriers, qui va communiquer au bois de l'abbaye, le tout contenant 54 journaux ou environ en triangle, borné d'un côté vers le midi en droite ligne à l'église et cimetière dudit *Beaucamps,* la ruelle qui distribue la rue de l'église à la rue du bois et les chemins tendant de la dite église à Liomer. En ligne courbe vers l'orient le dit chemin de *Beaucamps* au dit Liomer et d'autre côté vers le nord, le bois de la *Queue-Comtesse* appar-tenant à son altesse sérénissime monseigneur le duc d'Aumale ; d'un bout vers l'orient en pointe, le dit bois et d'autre bout vers l'occident les rues du Bois et Jean-Charles Lebon (1) ». Ces 54 journaux formaient le chef-lieu de la seigneurie, le chef moy, comme on disait alors.

De ce domaine ficffé dépendaient « 1 journal de

---

(1) Archives du château de *Beaucamps-le-Jeune.*

terre ou environ, en triangle, nommé le *Clos-Engre-masse*, fermé de vives haies dans lequel était une pépinière; 80 journaux en labour appelés la *Grande-Pièce*, traversés par le chemin des *Chasse-Marées;* 8 autres journaux; 7 autres au lieu dit le *Triège-de-la-Vascète;* 37 autres appelés la *Vascète;* 22 autres journaux; 80 journaux nommés les *Rotys* (1) », desquels font partie 40 journaux du domaine non fieffé de la dite seigneurie de *Beaucamps-le-Jeune*, et les 40 journaux restant sont mouvants en roture du dit duché d'Aumale à la redevance seigneuriale de 2 sols parisis pour journel aux termes de la sainct Remy et Pasques par moitié; 4 autres journaux, 38 arpens de bois taillis nommés le *Grand-Cauroy*. « Item, la propriété du terrein de la grande avenue qui traverse le bois de la Queue-Comtesse, appartenant au duc de Penthièvre, plus le quart de champart du fief de Beaucamps-Blangiel. Item plus les rentes seigneuriales dues par les vassaux et les censitaires consistant en 84 chapons, 121 poules, 2 oies, 103 boisseaux d'avoine, 91 livres en argent dans lesquelles rentes seigneuriales sont comprises celles dues à cause des fiefs de Beaucamps-Blangiel et du terrein nommé le *Mont-de-la-Salle* (2). »

Un des descendants du comte d'Estrades, Louis Godefroy, seigneur de *Beaucamps-le-Jeune*, acquit, le 21 juillet 1742, quelques terres situées près le chemin des *Chasse-Marées*, et 4 journaux au lieu dit les *Trente*, appartenant aux Dames jacobines d'Aumale, « qui avoient acheté ces biens avec autre héritage de Louis-Joseph de Vismes, par contrat du 7 juillet 1741 ».

Vers le milieu du XVIIIe siècle, une contestation s'é-

(1) Les Éroutis.
(2) Archives du château de *Beaucamps-le-Jeune*.

leva entre le marquis d'Estrades et le duc d'Aumale, au sujet d'un droit de demi champart, que ces deux seigneurs possédaient en commun sur certaines terres. Le duc d'Aumale soutenait que ce droit devait s'étendre « sur tout le domaine de la seigneurie de *Beaucamps* ». Appelé en justice par le marquis d'Estrades, le duc se vit débouter de ses prétentions.

Quelques années après le décès du marquis d'Estrades, la terre de *Beaucamps-le-Jeune* passa aux trois demoiselles de Baschy, ses petites-nièces. La comtesse de Turenne, une des héritières, racheta la part de ses sœurs, environ les deux tiers de la seigneurie. N'ayant pu remplir ses engagements vis-à-vis de ses cohéritières, elle vendit, le 10 août 1778, la terre de *Beaucamps-le-Jeune* à Louis Sanson de Frière et à son fils, le seigneur des Zoteux, à la condition pour ces derniers de payer les dettes dues aux créanciers de la succession d'Estrades. Le prix principal fut fixé à 410,000 livres, plus 1,200 livres « d'épingle ».

Ces biens, qui appartenaient en 1793 à M. Sanson de Frière, dernier seigneur de *Beaucamps-le-Jeune*, n'ayant pas été atteints par la Révolution, furent transmis dans leur intégrité à ses descendants, qui les possèdent encore aujourd'hui.

De la seigneurie de *Beaucamps-le-Jeune* dépendaient les fiefs suivants :

1° Fief des Éroutis ;
2° Fiefs de Beaucamps-Fontaine et Mouflière ;
3° Fief du Moulin de la Louque ;
4° Fief de Guémicourt ;
5° Fief de Montmarquet, fief de Lamothe ;
6° Fief de Lafresnoye ;
7° Fief du Mont-de-la-Salle ;

8° Fief du Cauroy ;

9° Fief de Ressenroy ; cette terre fut définitivement détachée de la seigneurie de *Beaucamps* en 1480.

Fief des Éroutis. — Ce fief, mentionné dans différents actes sous les noms de fief des Éroutis, Routis, Rotys, Érotys, avait en 1475 une contenance de 80 journaux de larris et était borné par la Queue-Comtesse et la terre de Beaucamps-le-Vieux.

En 1458, le fief des Éroutis appartenait à Jean de Lamarre, curé de Sainte-Marguerite-les-Auchy, qui le laissa en héritage à Jennequin Talvas et à Pierre Dumesnil ; ces derniers vendirent ce bien le 3 septembre 1475 à Guillaume de Pisseleu, moyennant la somme de 28 livres 16 sols, avec 20 sols tournois pour le vin.

Après la mort de Guillaume de Pisseleu, le fief des Éroutis passa à sa fille Louise et fut racheté le 13 mars 1539 par Anne, duchesse d'Étampes. Celle-ci le revendit le 3 août 1556 à Charles de Runes.

Avant 1458, la terre des Éroutis relevait directement du duché d'Aumale et était tenue chaque année par 110 sols parisis, qui se payaient aux termes de la Saint-Remy et de Pâques.

Le dénombrement de 1686 nous apprend qu'à cette date, 40 journaux seulement des Éroutis payaient au duc d'Aumale une redevance de 2 sols parisis par journal.

Fief de Beaucamps-Fontaine. — Le fief de Beaucamps-Fontaine, « compris dans le duché d'Aumale » et relevant de l'abbaye de Saint-Martin, était situé « en partie sur la paroisse de *Beaucamps-le-Jeune* et environs, terroir de Blangiel ». Il fut acquis le 2 janvier 1471 par « Messire noble homme Guillaume de Pisseleu, écuyer, de Jehan Fossard, aussi écuyer », en vertu d'un contrat passé devant Jean Le Prevost et Lamy, auditeurs du roi, à Grandvillers.

Les revenus de la terre de Beaucamps-Fontaine consistaient en 4 livres 10 sols 3 deniers de rentes, 49 boisseaux d'avoine, plus le rapport de 75 journaux 1/2 de terre en labour, et de 18 masures composant ce fief.

De Beaucamps-Fontaine dépendait un arrière-fief qui appartenait également à l'abbaye de Saint-Martin-d'Aumale et était tenu par 12 deniers parisis de rentes seigneuriales, 60 sols parisis de relief, droits d'aide « et tous autres droits et devoirs seigneuriaux, suivant la coutume de Normandie ».

Guillaume de Pisseleu fit l'aveu de cet arrière-fief à l'abbé de Saint-Martin-d'Aumale, le 16 avril 1475, « après Pasques », et un deuxième aveu « le penultiesme jour de janvier de l'an 1499 ».

Fief de Mouflière. — Le fief noble de Mouflière, situé autrefois sur la paroisse de *Beaucamps-le-Jeune*, fut acquis le 8 juillet 1598 par Jacques de Runes, des « abbés, religieux et couvent de Saint-Martin-d'Aumale, par adjudication passée devant Me Legrand, archidiacre et chanoine de Rouen, vicaire général du diocèse, et lieutenant-général du bailliage de Rouen, commissaire du roi délégué au diocèse de Rouen pour les taxes sur le clergé de France ».

« Tenu et relevant le dit fief de Mouflière, en arrière-fief de la ditte seigneurie de Fontaine, dépendante de la ditte abbaye d'Aumale, à la redevance d'une livre de cire et en 10 sols, 2 deniers de rente envers le roy à cause de sa vicomté de Neufchâtel (1). »

Faisait encore partie du fief de Mouflière, un domaine

(1) Archives du château de *Beaucamps-le-Jeune.*

non fieffé, consistant en 109 arpents de taillis traversés par le chemin de *Beaucamps-le-Jeune* à Saint-Germain-sur-Bresle, nommé le *Bois-de-l'Abbaye et des Larris,* « dans lesquels 109 arpens sont compris, 72 arpens acquis par le sieur de Runes, de Mathias et de Nicolas d'Arandel, seigneurs de Guémicourt, 1er août 1626 (1) ». Ces 72 arpents de taillis étaient autrefois aux religieux de Saint-Martin-d'Aumale qui les vendirent le 26 février 1587 « pour subvenir aux taxes imposées sur le clergé », moyennant la somme de 2,400 livres, « à charge de les tenir de l'abbaye par 12 deniers tournois par arpens, à cause du fief de Mouflière ».

Fief du Moulin-de-La Louque. — Le moulin de La Louque, situé sur la Bresle, « au hameau de La Louque, paroisse de Sainte-Marguerite-les-Aumale », appartenait primitivement à la seigneurie de Brétizel. Il se composait d'un corps de bâtiment en briques, couvert de « thuilles dans lequel est renfermé la mécanique dudit moulin a usage de mouldre le bled, cour batie d'écurie, d'étables et aultres batiments, pescheries, jardins, portion d'herbaige plantée d'arbres fruitiers et six journaux de prairie, le tout tenant ensemble ».

En 1457, Collard, probablement Nicolas d'Ellecourt, qui possédait le moulin de La Louque, le loua à Pierre Bazin, « à la charge par le preneur de payer au seigneur bailleur 26 mines de blé, mesure d'Aumale, 100 pipregnaux et 50 anguilles ou 6 livres parisis de rente a défaut d'iceux, a condition de relever le dit moulin du seigneur bailleur par 10 deniers de relief et 5 d'aide, et si les manans dudit moulin sont trouvés allant ou venant faire mouldre leur grain a autre moulin, la forfaiture par ce

---

(1) Archives du château de *Beaucamps-le-Jeune.*

fait sera partagée entre le bailleur et le preneur ».

Le 29 juin 1465, une transaction eut lieu entre le propriétaire du moulin de La Louque et Pierre Bazin, au sujet d'une rente due à l'abbaye d'Aumale, et qui consistait en 32 livres parisis ou 8 mines de blé. Moyennant quelques profits que lui accorda Nicolas d'Ellecourt, Pierre Bazin s'engagea à donner cette rente. « Outre et par-dessus la rente de 26 mines de blé, 100 pipregnaulx, 50 anguilles ou 6 livres ; il se soumit à payer 50 livres parisis aux religieux, et au seigneur d'Ellecourt, 8 livres. »

Après la mort de Nicolas d'Ellecourt, le moulin de La Louque passa à Jacqueline de Courcelles, demoiselle de Brétizel, et à son fils Thomas des Maretz. Vers 1470 ou 1471, ces derniers, pour éviter toute contestation au sujet de la succession de Nicolas d'Ellecourt, « baillèrent a noble homme Guillaume de Pisseleu, seigneur de *Beaucamps-le-Jeune,* 26 mines de blé mesure d'Aumale et 14 livres a prendre sur le moulin de La Louque, en ce compris anguilles et 6 livres 12 sous 5 deniers de rente, qui étaient à prendre sur les terres situées à *Beaucamps-le-Jeune,* dépendantes de Brétizel, à la charge de payer à l'abbaye d'Aumale 40 livres (1), a elle due sur le moulin de La Louque ». Cette cession, dit un aveu de Guillaume de Pisseleu, eut lieu « à cause du douaire que ce prend Collaye de Villepoix, sa feme (épouse de Guillaume de Pisseleu), auparavant feme de deffunct Nicolas d'Ellecourt, en son vivant seigneur du dit Bretizel et du dit Beaucamps, et lesquelles vi^{l} xij^{s} iiij^{d}, ont après le décès de la ditte Colaye, demeurent a fin d'heritaige pour elle, son dict mary et ayant

____

(1) Charles de Runes racheta ces 40 livres de rente le 27 avril 1630.

cause qu'ils avoient droit de prendre par chacun an auparavant ce present bail au terrouer et dixmage du dit Beaucamps, à cause de la seigneurie dudit Brétizel, a eux appartenant ».

Dans cet acte, Guillaume de Pisseleu reconnaît que l'abbé d'Aumale possède 10 livres tournois de rente sur le moulin de La Louque, mais que « lui aura le proffit de la rivière, depuis le fief et hotel de Brisepot, jusqu'au bout du pré de derrière le dict moulin de La Louque pour en faire et disposer à son proffit comme son propre tant en eau que autrement (1) ».

Le 2 septembre 1478, Pierre Bazin vendit à Guillaume de Pisseleu les droits qu'il avait sur le moulin de La Louque, à la condition « pour le dit seigneur de Beaucamps de remplir les obligations dues par le possesseur du moulin au seigneur de Brétizel ». Cette vente fut consentie moyennant le prix de 64 livres tournois « avec une robbe pour le dict vendeur du prix de 40 sols tournois, aussy une robe pour Jehanne femme dudict vendeur de semblable prix et une robbe pour Jehan leur fils, de 20 sols tournois pour le vin dudict marché (2) ». Deux ans plus tard, le 23 mai 1480, le moulin de La Louque appartint définitivement à Guillaume de Pisseleu, qui en servit un aveu le 21 novembre 1494 à Thomas des Maretz, seigneur de Brétizel. Ce dénombrement nous fait connaître qu'autrefois le moulin de La Louque était tenu par 22 mines de blé, mais qu'à partir de cette époque le seigneur de Beaucamps, possesseur de ce fief, ne devra plus à son suzerain qu'un chapeau de roses de la valeur de 2 deniers avec 10 sols de relief et 5 sols parisis d'aides. L'hommage du chapeau de roses avait lieu chaque année « au jour de la sainct Jehan ».

Dans l'aveu du 10 octobre 1548, donné par Guy Chabot et Louise de Pisseleu, son épouse, on trouve que du moulin de La Louque dépendaient encore 5 journaux de prairie au lieu dit la *Héronnière*, faisant partie du hameau de La Louque, « plus 3 autres journaux, 22 arpens 1/2 de terre plantés en bois taillis nommés le bois de la *Sablonnière*, et du petit *Cauroy*, assis en la paroisse de Guémicourt; 11 journaux 1/2 de terre plantés en bois taillis sur le terroir de Saint-Germain; 24 journaux 1/2 de bois taillis nommés le bois *Poucet*, sur Saint-Germain; 6 journaux de terre en pâture plantés en ormes. Il y avait aussi quelques masures situées en la vallée de Saint-Germain; 29 journaux de terre et larris; 74 autres journaux 1/4 de bois taillis nommé le bois *Planté* et situé audit Saint-Germain; 11 journaux de terre en larris actuellement défrichés nommés la *Borne fut minette*, situés sur Saint-Germain; 5 autres journaux sur le terroir de Guémicourt; 43 journaux de terre décomposés en 27 journaux de bois taillis et 16 journaux de larris défrichés, sur Saint-Germain ».

Fief de Guémicourt. — La terre de Guémicourt, tenue du duché d'Aumale, « par foy et hommage de bouche et de mains », fut acquise le 12 décembre 1741 pour le prix de 28,300 livres (1) par Louis, marquis d'Estrades, seigneur de *Beaucamps-le-Jeune*, à dame Marie-Angélique de Guémicourt, veuve de François d'Arandel, agissant au nom de demoiselle Marie-Françoise d'Arandel, sa nièce. La seigneurie de Guémicourt

(1) L'affaire ne fut définitivement traitée que le 6 mars 1747.

était un quart de fief noble auquel il y avait un domaine non fieffé. Le possesseur de cette terre, patron honoraire de l'église et paroisse « du dit lieu », avait « droit de bans dans le chœur et dans la nef de la dite église, d'être recommandé aux prières *nominales* et de jouir de tous les droits honorifiques tels qu'ils sont dus à patron ».

Sur la terre et les vassaux le seigneur avait « cour, usage, justice et juridiction en basse justice tel qu'a bas justicier il appartient suivant la coutume de Normandie ; droit de colombier, de tenir tor et ver, moulin et pécherie en sa rivière, hommages, rentes en deniers, grains, œufs, oiseaux, champart, herbages, affouages, aides, reliefs, treizièmes amendes, forfaitures, confiscation, service de prévôté et autres droits et devoirs seigneuriaux tel qu'a noble fief appartient quand le cas échoit avec le droit de prendre eau dans la rivière pour l'arrosement et l'irrigation de ses prairies quand le cas le requiert ».

Le domaine non fieffé dudit quart de fief noble de Guémicourt consistait, d'après le dénombrement du 17 novembre 1788, « en un manoir seigneurial en façon de chateau en fonds de caves » qui fut incendié en partie au siècle dernier. « Ce château était enclos de fossés autrefois remplis d'eau vive qui descendait iceux de la rivière et se fermoit jadis par un pont-levis à présent détruit ; basse-cour qui étoit batie en écurie, bergerie, étables, remises, granges, colombier et autres édifices qui ont été incendiés depuis environ 30 ans (1758), en sorte qu'il n'existe plus qu'une grange ; pature et prairie, le tout contenant 10 journaux 19 perches situés audit Guémicourt, bornés au sud à la rivière de Bresle, d'autre au nord au bas de la dite rivière, d'un bout à l'orient le chemin tendant de Guémicourt au bois de Brétizel et d'autre à l'occident le dit seigneur avouant à cause de sa prairie ».

L'aveu que nous venons de citer en partie et que servit en 1778 « messire Jean-Louis Sanson, chevalier, baron de Frière, à Louis-Jean de Bourbon, seigneur de Penthièvre, duc d'Aumale, fait mention de 71 articles pour le domaine fieffé qui était tenu « par 75 sols de relief et 35 sols 3 deniers d'aide, treizièmes en cas de forfaiture, ventes, confiscations et tous autres droits et devoirs seigneuriaux et féodaux tels qu'au dit duché-pairie appartient suivant la coutume de Normandie, le cas échéant ».

Les archives du château de *Beaucamps-le-Jeune* possèdent divers dénombrements avoués par les anciens seigneurs de Guémicourt au duc d'Aumale.

Sept de ces dénombrements ont été servis : le premier, par Jean de Monsures, écuyer (28 avril 1505).

Le deuxième, par Charles de Monsures, écuyer (26 septembre 1524).

Le troisième, par Jean de Monsures (1er mars 1556). Ce dernier aveu, qui fut vérifié le 27 janvier 1566 par sentence du bailliage d'Aumale, nous apprend qu'à cette date la terre de Guémicourt se composait « d'un château, cour, jardin, masure avec 6 à 7 journaux, une maison, masure et jardin contenant 3 journaux, qui se nommait la *Ferme de la Seigneurie*, et 33 journaux de prairie, plus 35 journaux de bois taillis tenant d'un côté à un larris et à des herbages d'environ 30 journaux. Il y avait encore 103 journaux de labour ». Le domaine non fieffé s'étendait sur 211 journaux. Le domaine fieffé consistait en 191 journaux, 22 maisons et masures occupées par 22 vassaux.

Les autres dénombrements furent rendus : le quatrième, par Nicolas d'Arandel, sieur de Guémicourt (12 novembre 1628).

Le cinquième par Jean d'Arandel, écuyer (4 octobre 1646).

Le sixième par Nicolas d'Arandel, écuyer (30 mai 1684).

Le septième par Charles-François d'Arandel (4 février 1738).

Les revenus de la terre de Guémicourt s'élevaient à trente-quatre livres dix-sept sous en argent, vingt-deux chapons, deux poules et une paire de gants de rente seigneuriale, dus par les vassaux et tenanciers au dit *Guémicourt*.

Fief de Montmarquet. — Le fief noble de Montmarquet relevant de la baronnie de Brétizel, par hommage de foi et de main, « dix sols de relief, cinq sols d'aide, treizièmes amendes, forfaitures se composait : d'une maison seigneuriale, bâtiments, cour, jardin d'une contenance d'environ deux journaux ». Le domaine de cette seigneurie comprenait : soixante-neuf journaux en plusieurs pièces situés au dit *Montmarquet*, et les revenus de ce fief étaient donnés par les censives à prendre sur le terroir, les maisons et « autres terres aux environs ». Les censives se montaient à vingt et une livres sept sous, dix boisseaux de blé, mesure d'Aumale, cent trente-trois boisseaux d'avoine même mesure plus le droit de champart de trois gerbes au cent, « contre cinq autres que perçoit le sieur de Fonteny avec demi champart tel que de quatre au mille qui se partage également entre le seigneur de Beaucamps et le sieur de Fonteny ». En 1676 ces droits étaient affermés pour la somme annuelle de deux cent cinquante livres.

Le possesseur de la seigneurie de Montmarquet avait les honneurs de l'église.

Cette terre fut vendue à Thérèse de Runes, le

22 juin 1676, par Nicolas d'Arandel. Depuis cette époque elle ne cessa d'appartenir aux seigneurs de *Beaucamps-le-Jeune*.

Sur le territoire de Montmarquet était un fief situé près le chemin de Paris à la mer, au lieu dit : *Le camp Dubus* ou de *Bar*, tenu de Lafresnoye par une paire d'éperons de rente annuelle. Ce fief appartenait aux seigneurs de Beaucamps depuis le xv⁰ siècle. Il fut acheté le 13 février 1495 par Guillaume de Pisseleu, à Jean Campion et à Henri Pecoul, curé de Montmarquet, moyennant le prix de vingt-huit livres parisis avec « cent sols de vin ».

Dépendaient du fief de Montmarquet :

1° Le fief *Dumoutier* ou *du Moutier*, qui donnait à son possesseur les droits de basse justice, colombier, four, tor et ver.

2° Le fief du *Moulin Avoïde*.

Sur ces fiefs existaient des droits de champart et des rentes en argent, grains et chapons confondus avec ceux des fiefs de *La Mothe* et *Robert-Lamarre*.

Fief de La Mothe. — Le fief de La Mothe, situé « en la paroisse de Montmarquet », relevait du duché d'Aumale et se composait d'un domaine fieffé et d'un domaine non fieffé. Le domaine non fieffé comprenait quatre journaux et demi de terre en nature de labour autrefois en masures et clos de fossés, « neuf autres journaux traversés par le chemin de Beaucamps à l'église de Montmarquet, cinq autres journaux auprès des religieuses d'Aumale, douze autres journaux sur le chemin d'Aumale à Selincourt, et plantés de pommiers, six autres sur le terroir de Blangiel, douze journaux en plusieurs pièces, deux autres à Blangiel et une remise à

gibier entourée de trois journaux, située à Blangiel,
paroisse de *Beaucamps-le-Jeune,* treize autres journaux
sur Blangiel, traversés par le chemin des Charbonniers,
par un bout ». Ce domaine rapportait huit livres, sept
sous, sept deniers, cinq chapons, une poule, un boisseau
de blé et un boisseau d'avoine de rente. Le possesseur du
fief de *La Mothe* avait le patronage de l'église de
Montmarquet, et présentait à la cure. Du fief de
La Mothe était tenu comme arrière-fief par foi et
hommage, soixante sols parisis de relief et trente sols
d'aide, un quart de fief noble ou portion de fief nommé
le fief de *Robert-Lamarre,* situé à Montmarquet. Outre
ces rentes en argent, il y avait encore un droit de
champart de huit gerbes au cent, « dans lequel champart
appartient au dit fief de *Robert-Lamarre,* une gerbe de
cent et demy, le surplus est dépendant du fief de
La Mothe ».

Au fief de *La Mothe* se rattachaient deux quints de
fiefs ou portions de fiefs nobles, l'un nommé le fief de la
Cour, et l'autre le fief de *Fonteuil,* assis à Montmarquet,
et se composant au xive siècle, sous Adam de
de Beaucamps, de 15 masures. « Les dits fiefs comp-
taient 10 journaux de terre en labour et 37 journaux
sur le terroir de Montmarquet, avec 75 autres journaux
tenus en roture des fiefs de La Mothe et Robert
Lamarre. »

Fief de la Fresnoye. — Le fief noble de la Fresnoye,
dit *Hamelet,* relevait de la seigneurie de Brétizel. Il fut
acquis par Jacques de Runes et Antoine de Monsures,
sieur de Guémicourt, de Catherine de La Fresnoye,
demoiselle du dit lieu, en vertu d'un contrat passé le
31 octobre 1611 devant Quentin, tabellion à Aumale.

Les revenus du domaine fieffé de la Fresnoye (1) se montaient à 8 livres 6 sous de rentes se décomposant ainsi : 3 livres 6 sous sur les vassaux et tenanciers, et 5 livres sur les biens « du temporel du prieuré de Saint-Nicolas du dit la Fresnoye, au lieu de 12 boisseaux de sel mesure du Tréport » que le possesseur de ce fief percevait autrefois. La rente de 12 boisseaux de sel provenait de certains droits qu'avait jadis Jean, seigneur de Brétizel, sur le prieuré. Ces droits étaient de : « Prendre en la maison dudit prieuré 3 corvées pendant 3 jours et 3 nuits, c'est-à-dire 3 recreations, luy, sa femme, toute la maison, les chiens et les oiseaux, sans que les dits abbés et religieux puissent donner, vendre ni lever leur bois que par son commandement ; que pour être redimés de ces charges, les dits abbés convinrent avec le dit seigneur de Brétizel qu'au moyen ils lui fourniraient 12 boisseaux de sel blanc rendus en la maison de Brétizel aux fêtes de Notre-Dame de la Madeleine. Le seigneur de Brétizel est déchargé des dites corvées suivant la charte passée entre lui et eux l'an de l'Incarnation de N. S. 1280 (2) ».

En 1289, « le samedy d'après le jour de Noël, le comte d'Aumale, Jean de Ponthieu, ratifia la charte de 1280, et consentit en franche aumône toutes les possessions appartenant aux abbés et religieux du Tréport dans le comté d'Aumale, à cause de leur prieuré de la Fresnoye ; soit que les dites possessions fussent en fiefs et en arrière-fiefs, et sauf la haute justice et le plaid de l'épée qu'il se réserva (3) ».

(1) Le seigneur avait en outre des droits honorifiques dans l'église de la Fresnoye.
(2) Archives du château de *Beaucamps-le-Jeune.*
(3) Archives du château de *Beaucamps-le-Jeune.*

La redevance de douze boisseaux de sel fut comprise en 1291 comme annexée et faisant partie du fief de la Fresnoye.

Le fief de Hamelet fut démembré de la seigneurie de Brétizel par Jeanne de Courcelle. Thomas des Maretz, son fils, vendit le 13 janvier 1491 à Nicolas de la Fresnoye une rente de vingt livres huit sols qu'il percevait sur le terroir de cette paroisse, et le jour suivant il confirma le démembrement du fief de la Fresnoye.

Le 13 février de la même année il reconnut au possesseur de ce fief la rente de douze boisseaux de sel.

En 1676, la partie du fief de la Fresnoye qui appartenait au seigneur de Guémicourt fut achetée par Thérèse de Runes. Depuis cette époque jusqu'à la Révolution, la terre de Hamelet dépendit de la seigneurie de *Beaucamps-le-Jeune.*

Le fief de la Fresnoye fut porté au « duché d'Aumale, dans quatre aveux en 1618, 1629, 1651 et 1672 (1) ». Le dernier dénombrement rendu par Sanson de Frière, en 1778, à « messire Eustache-Louis Borel (2) de Brétizel » amena en 1783 une contestation entre le seigneur de Brétizel et le duc d'Aumale au sujet de la suzeraineté de cette terre. Le jugement rendu quelques années plus tard reconnut que le fief de Hamelet ou de la Fresnoye était tenu de Brétizel, et que le seigneur de Beaucamps avait droit « d'aide sur tout le dit fief de Hamelet, suivant la coutume de Normandie ».

---

(1) Le fief de la Fresnoye est porté en arrière-fief dans les aveux de 1628 et 1685.

(2) Eustache-Louis Borel, seigneur de Berneuil, conseiller d'État en la chambre des comptes de Paris, lieutenant général civil et criminel de Beauvais, épousa Marie-Françoise de Malinguehen, fille de René, seigneur et baron de Brétizel, La Motte, Vieux-Rouen, Beaucamps-en-Vallée, Hodeng-au-Bosc.

Au fief de la Fresnoye se rattachait la *Maladrerie*, dont les faibles revenus étaient donnés par quelques journaux de terre situés près de la Voyette de Laboissière, deux autres journaux touchaient aux Éroutis.

Fief du Mont-de-la-Salle. — Le Mont-de-la-Salle, d'une contenance d'environ cent quarante-six journaux de terre, appartenait, au xvme siècle, à la seigneurie de Brétizel. Le 23 mai 1480, Jacqueline de Courcelle et son fils Thomas des Maretz laissèrent le Mont-de-la-Salle à « noble homme Guillaume de Pisseleu (1) », qui leur remit en échange le fief de Ressenroy. Le contrat passé devant Pierre Le Cordier et Laurent Daumet, « auditeurs du roy en la prévoté de Beauvoisis, à Grandvillers, stipulait que le Mont-de-la-Salle relèverait en roture de la seigneurie de Brétizel, et seraient tenus les « dits terreins et larris par six deniers de relief du journal ».

Cet acte détermine aussi les limites du Mont-de-la-Salle. « Le fief est borné au midi par le chemin tendant d'Aumale au dit Beaucamps; vers le nord par un fief appartenant à la demoiselle de Brétizel, et le chemin conduisant de Guémicourt à Montmarquet, d'un bout vers l'est à la dite dame venderesse à cause de son bois du Cauroy. Le chemin de la mer à Paris et celui de Guémicourt à Montmarquet, en font la séparation; d'autre part vers l'occident à plusieurs propriétaires et au fief de *Brisepot* anciennement nommé l'*Hôtel*. »

Depuis un temps immémorial, les habitants de *Beaucamps-le-Jeune* avaient le droit de faire pâturer leurs bestiaux sur quarante-six journaux trois quarts de larris dépendant du Mont-de-la-Salle, à la condition de ne pouvoir les conduire sur les terres de la ferme et

(1) Guillaume de Pisseleu servit au seigneur de Brétizel un aveu de ce fief, le 21 novembre 1494.

domaine de Beaucamps-le-Jeune « que les bestiaux du fermier pasturent seuls » et à laisser en échange « le pasturage de tout un côté du territoire dit le champ du Mellier (1) ».

Sur la fin du xviii⁰ siècle, une contestation eut lieu entre le seigneur de Beaucamps et les habitants de ce pays, au sujet de ces 46 journaux de larris. « M. de Frière consentit par bail emphytéotique de 99 ans à abandonner ce larris aux habitants, pourvu que ses fermiers et ceux de ses successeurs puissent continuer à jouir seuls pendant le cours de ce bail de la partie de pasture appelée le *Champ-du-Mellier,* et que le dit sieur de Frière pour garantir les anticipations conservera le droit de faire planter des hêtres ou épines à tous les angles du larris dudit Mont-de-la-Salle ». Ce bail accepté le 20 juin 1792 ajoute que les maire et adjoint se réuniront à M. de Frière pour faire rentrer les parties du larris qui pourraient avoir été anticipées par les voisins ».

Le larris du Mont-de-la-Salle appartient aujourd'hui à la commune de *Beaucamps-le-Jeune.* Il y a lieu de croire que dans la suite M. de Frière modifia l'acte de 1792 et donna aux habitants de *Beaucamps* ce larris.

Les 100 autres journaux de terre en labour composant .e fief du Mont-de-la-Salle et indépendants du larris étaient entre les mains de tenanciers, qui payaient au seigneur une redevance de 6 l. 14 s. 4 d. Le possesseur du fief avait en outre divers droits seigneuriaux tels que ventes, saisines, reliefs, etc.

Fief du Cauroy. — Ce fief relevait de la seigneurie de Brétizel. Il fut vendu par Jacqueline de Courcelle à

(1) Le Champ-du-Meillier ou du Merlier avait une contenance d'environ six journaux de terre. Il donnait à son propriétaire le droit de champart.

Guillaume de Pisseleu et était assujetti au droit du 1/3 sans danger envers le roi. Le 11 juillet 1573, ce droit fut adjugé à Charles de Runes moyennant la somme de 21 livres de prix principal et de 12 deniers de rente annuelle par arpent.

Fief de Ressenroy. — Le fief de Ressenroy ou Hessanroy, situé non loin de Vieux-Rouen, valait de 15 à 16 livres de rentes qui étaient données par des « masures, prés, terres et autres droits ».

Ce fief touchait à la seigneurie de Brétizel, et était tenu du duché d'Aumale. La suzeraineté de cette terre fut vainement revendiquée en 1454 par l'évêque de Beauvais, qui prétendait y avoir des droits depuis fort longtemps. Guillaume de Pisseleu, qui avait acquis Ressenroy de la seigneurie de Bretizel, l'échangea en 1480 contre le Mont-de-la-Salle.

Les Seigneurs de Beaucamps-le-Jeune.

Le plus ancien seigneur de *Beaucamps-le-Jeune*, dont nous pouvons constater l'existence, est Alexandre de Beaucamps, qui s'intitulait chevalier et qui paraît comme témoin dans une vente faite par Hugues Haterel, en 1216, à la léproserie du Quesne.

Alexandre de Beaucamps posséda également la seigneurie de Beaucamps-le-Vieux. Il eut pour successeur Jean, qui vivait au milieu du XIIIe siècle et qui est mentionné dans le *Polyptychum Rotomagensis diœcesis*, entre les dates 1236 et 1244 (1).

Ce Jean de Beaucamps est le même que nous voyons figurer dans un acte du mois de février 1235, concernant une donation de dix journaux de terre consentie par Anselme, son frère, en faveur de la maladrerie du Quesne. Il était le troisième fils d'Alexandre et eut en héritage le fief de *Beaucamps-le-Jeune*.

Ce fut problablement à cette époque que la terre de *Beaucamps-le-Jeune*, détachée de Beaucamps-le-Vieux, constitua une seigneurie à part.

Guillaume de Beaucamps (2), un des descendants de Jean, est signalé dans plusieurs documents, entre autres *Scripta de feodis ad regem spectantibus* (3), comme ayant

---

(1) *Ecclesia de Bello Campo, valet* x, *l. t. Parrochiani v. Johannes de Bello Campo, patronus, præsentavit Michaelem, qui nunc est, domino Petro.* (1236-1244.)

Polyptychum Rotomagensis diocœsis : Decanatus Albermarlis.

(2) Guillaume de Beaucamps semble avoir possédé la seigneurie de Beaucamps-le-Vieux.

(3) P.-L. Limichin : *Les Limites de la Normandie du côté de la Bresle, depuis le traité de Saint-Clair-sur-Epte.*

la moitié de son fief relevant du comté d'Aumale. Il est également cité dans un acte de 1293 en vertu duquel il cède le patronage de l'église de Beaucamps au comte d'Aumale et à ses *hoirs*. Cet acte fut plus tard contesté et donna lieu à une suite de procès.

Guillaume de Beaucamps existait encore en 1336 et reçut à cette date, « le mardy avant sainct Vincent » un aveu de Firmin Cocquerel pour 54 journaux de terre situés près le chemin de Paris à la mer, au lieudit les *Brochets*. Le fief était tenu de la seigneurie de *Beaucamps* par 1/2 livre de poivre et 10 sols de relief, le cas échéant.

Adam de Beaucamps, fils ou petit-fils du précédent, donna les dénombrements de sa seigneurie et d'un fief qu'il possédait à Fontaines, pour lequel il devait 12 deniers de service à la Saint-Remy. Ces aveux ne portent aucune date.

Adam de Beaucamps (1) n'eut qu'une fille, *Marie*, qui épousa, vers 1390, *Jean de Brétizel*, chevalier, et lui apporta en dot la terre de *Beaucamps-le-Jeune*.

Jean de Brétizel eut pour successeur *Nicolas d'Ellecourt* (2), écuyer, seigneur de Brétizel et de *Beaucamps-le-Jeune*. Ce dernier mourut en 1468, ne laissant aucune postérité de sa femme Colaye de Villepoix, qui se remaria plus tard à Guillaume de Pisseleu, descendant d'une ancienne famille du Beauvaisis et tirant son nom de la terre de Pisseleu.

Les héritiers de Nicolas d'Ellecourt, Jean Fossard, « demeurant a Hornoy », et Guillaume Lefèvre, ven-

______

(1) Les armes des premiers seigneurs de Beaucamps étaient : *d'argent à la bande de sable frettée d'or.*

(2) Nicolas d'Ellecourt acheta fort probablement la terre de Beaucamps à Jean de Brétizel. Un de ses parents, Nicolas II d'Ellecourt, fut abbé de Saint-Valery de 1484 à 1517.

dirent en 1471 à Guillaume de Pisseleu ce qui leur appartenait de la terre de *Beaucamps-le-Jeune*.

Par son mariage avec Colaye de Villepoix, qui possédait une partie de la seigneurie, et les acquisitions qu'il fit, Guillaume de Pisseleu devint seul propriétaire du fief de *Beaucamps-le-Jeune*.

Guillaume de Pisseleu était fils naturel de Jean (1), seigneur de Heilly, d'Hétomesnil et de Pas, à cause de sa femme Marie de Hargicourt (2), qui hérita ces biens de sa cousine Agnès, dame de Heilly et de Pas. Guillaume devint seigneur d'Aumaretz, de Laudeucourt et d'Oudeuil-le-Chatel (3). Il commanda 1,000 hommes de la légion de Picardie sous Louis XII et se distingua en 1512 à la prise de Thérouanne. Il entra un des premiers dans la place avec les seigneurs de Sarcus, de Pontdormy et de Bournonville.

Guillaume de Pisseleu eut quatre femmes et trente enfants. Colaye de Villepoix, sa première épouse, mourut quelque temps après son mariage, ne laissant aucun héritier direct. Les autres femmes de Guillaume furent : 1° Isabeau le Josne ou le Jeune, dite de Contay, fille de Louis et de Jacqueline de Nesle ; 2° Anne Sanguin de Meudon, fille d'Antoine et de Marie Simon ; 3° Madeleine de Laval, fille de René Ier, seigneur de la Faigne, et d'Antoinette Havart, dame de Ver. Ce fut pour Madeleine de Laval, dont il se vantait d'obtenir les bonnes grâces, que Guy-Henri Chabot, comte de Jarnac,

---

(1) Jean de Pisseleu fut fait chevalier au sacre de Louis XI (1461). Il vivait encore en 1512.

(2) Marie de Hargicourt était fille de Pierre et de Jeanne de Belloy.

(3) Guillaume de Pisseleu rendit hommage de cette terre le 1er mars 1500.

tua en duel de La Chataigneraie, qui en avait reçu l'aveu (1547).

Citons les principaux enfants de Guillaume :

Adrien (1).

Charles, abbé de Saint-Gildas, « de l'ordre de saint Benoist, au diocèse de Bourges », puis de Saint-Aubin, d'Angers et de Saint-Pierre, de Bourgueil, 1547-1559 ; évêque de Mende de 1538 à 1545, et de Condom en 1545. Il mourut en 1564. « Ce fut de son temps, en 1549, que son chapitre fut sécularisé. » Ces derniers étaient issus d'Isabeau le Josne.

Anne Sanguin eut :

François, abbé de Saint-Corneille, de Compiègne, devint évêque d'Amiens par la faveur de sa sœur Anne. Il prêta en cette qualité serment de fidélité au roi le 5 juin 1546, se démit plus tard de sa charge, et mourut le 14 février 1564.

Guillaume.

Jean, gouverneur de Corbie.

(1) Adrien de Pisseleu ne fut jamais seigneur de Beaucamps, de même qu'il ne périt pas à la guerre d'Italie en 1527. Il fut blessé à la prise d'Ilesdin en 1537 et devint gouverneur de Maubeuge la même année. Fait prisonnier par les Impériaux, il mourut à Amiens le 8 février 1558, au retour des prisons de l'Empereur. Sa femme, Charlotte d'Ailly, fille de Louis, seigneur de Varennes, et de Charlotte de Bournonville, lui éleva un magnifique tombeau « de marbre noir en l'église des Minimes d'Amiens ». Le mémoire pour Louis d'Estrades au sujet du droit de présentation à la cure de Beaucamps-le-Jeune mentionne Adrien comme seigneur de Beaucamps-le-Jeune. C'est une erreur, et le mémoire se trompe encore lorsqu'il dit que Louise-Anne de Pisseleu, *fille unique d'Adrien*, était mineure en 1542. A cette époque, il y avait déjà deux ans que Louise était mariée à Guy Chabot. Louise était la sœur d'Adrien.

Adrien de Pisseleu eut trois enfants, qui furent : Jean, Jeanne et Jossine.

Péronne, mariée à Michel de Barbançon, seigneur de Cany et de Varennes, par contrat passé le 21 août 1522 devant Antoine du Bois et Jehan Le Tas, « notaires establis en la ville et baillage d'Amiens ».

Anne de Pisseleu, duchesse d'Étampes, favorite du roi François Ier, 1508-1576.

Marie, religieuse à Poissy en 1520, prieure le 4 août 1540. Nommée abbesse de Maubuisson le 14 février 1546, elle mourut le 19 octobre 1574.

De Madeleine de Laval, quatrième femme de Guillaume de Pisseleu, naquirent :

Marie, abbesse de Saint-Paul-lès-Beauvais en 1532, décédée le 1er mars 1533.

Louise, alliée par contrat du 29 février 1540 à Guy-Henri Chabot.

Charlotte, mariée en 1527 à François III, baron d'Avaugour, comte de Vertus. Elle épousa en secondes noces Jacques Brouillard, seigneur de Lisy, qui mourut en 1604.

Guillaume de Pisseleu parvint à un âge très avancé. Il vivait encore en 1531, ainsi que cela se voit par un acte du 22 août de cette année et dans lequel il est dit que ses armes étaient écartelées au 1 et 4 de Pisseleu (1) et aux 2 et 3 d'une croix engrelée, cantonnée de 4 merlettes.

A la mort de Guillaume, la terre de *Beaucamps-le-Jeune* fut assignée à Louise-Anne, femme de Guy Chabot, baron de Jarnac, fils de Charles Chabot et de Jeanne

____

(1) Les armes de Pisseleu étaient : *d'argent à 3 lions de gueules*. Un descendant de Guillaume, Léonor, épousa Marie de Gondi et eut une fille, Françoise, qui fut alliée en 1621 à Charles-Antoine Gouffier, marquis de Brazeux, troisième fils de Timoléon Ier et d'Anne de Lannoy.

de Saint-Gelais, qu'il avait épousée en 1506. Charles Chabot était gouverneur de La Rochelle.

Guy-Henri Chabot, comte de Jarnac (1), seigneur de Saint-Gelais, Saint-Aulaye, Montlieu, chevalier de l'ordre du roi, et gentilhomme de sa chambre, commanda, au titre de capitaine, 50 hommes d'armes des ordonnances du roi. A la mort de son père, il devint gouverneur et lieutenant pour le roi de La Rochelle et pays d'Aunis, maire perpétuel de Bordeaux et capitaine du château de Hâ. Guy Chabot, plus connu sous le nom de comte de Jarnac, est resté célèbre par le fameux combat en champ clos, qu'il soutint en 1547 dans le parc de Saint-Germain-en-Laye contre François de Vivienne, seigneur de la Chataigneraie (2).

Par son mariage avec Louise de Pisseleu, dite de Condom, Chabot devint seigneur de *Beaucamps-le-Jeune* (3). Il vendit cette terre et ses dépendances à Charles de Runes le 6 février 1553.

De Louise de Pisseleu naquirent : 1° Léonor, baron de Jarnac ; 2° Charles, mort sans postérité ; 3° Jeanne, mariée en premières noces à Anne d'Anglure, baron de Givry, et en secondes noces à Claude de La Châtre, seigneur de Maisonfort, maréchal de France.

---

(1) Ce Jarnac, dit M. de Lescure, « était un bravache et un vantard de la pire espèce, un fanfaron d'inceste, pour tout dire en un mot, car il se vantait aussi des bonnes grâces de sa belle-mère ».

(2) Le comte de Jarnac tua son adversaire par un coup imprévu, « le coup de Jarnac », expression qui aujourd'hui sert à désigner un coup inattendu porté à un adversaire dans des circonstances particulières.

(3) Un acte du 10 octobre 1548 nous apprend qu'à cette époque Guy Chabot était seigneur de Beaucamps.

Guy Chabot mourut en 1690. Ses armes étaient : *d'or à 3 chabots de gueules.*

Charles de Runes, seigneur de Tailly, chevalier de l'ordre du roi, enseigne de 50 hommes d'armes des ordonnances du roi sous la charge du seigneur de Senarpont ; mourut en Espagne vers 1578. De son union avec Anne de Fouquesolles, fille de Jean II, sénéchal du Boulonnais, et de Madeleine Dubiez, il eut plusieurs fils : David, Jacques et Oudard.

David de Runes, seigneur de Beaucamps, n'eut pas d'enfants de son mariage avec Ydde de Valenglard. Quelques années avant sa mort, il partagea entre ses héritiers les terres de Vieux-Rouen et Valenglard (1), et laissa la seigneurie de Beaucamps à son frère Jacques. Certains généalogistes le font mourir célibataire ; cependant nous avons retrouvé dans les archives du château de *Beaucamps-le-Jeune* des actes mentionnant Ydde de Valenglard comme femme de David de Runes.

Jacques de Runes, seigneur de *Beaucamps-le-Jeune*, baron de Fouquesolles, est cité dans une vente du 31 octobre 1611 concernant le fief de la Fresnoye.

De son mariage avec Charlotte de Monchy, fille d'Antoine, seigneur de Montcravel, et d'Anne de Balzac, il eut plusieurs enfants, entre autres Charles, Jean, seigneur d'Offoy, et Georges.

Charlotte de Monchy abandonna aux habitants de *Beaucamps-le-Jeune*, par acte passé devant Charles Sémichon, notaire à Aumale, environ 10 journaux de terre (3 hectares 83 ares 80 centiares). Ces biens, situés

---

(1) La pièce concernant ce partage dit que le fief de Valenglard relevait du comté d'Eu. Les terres de Valenglard et de Vieux-Rouen furent données à Jean de Runes, qui épousa Louise de Boulainvillers, fille d'Antoine II, seigneur de Saint-Saire, Bezancourt, etc., et de Claude Rouvroy de Saint-Simon.

au lieu dit la *Terre-des-Pauvres*, appartiennent encore à la commune de Beaucamps, qui emploie les revenus de cette donation à l'achat de pains pour les indigents.

Nous ne savons à quelle époque mourut Jacques de Runes. En 1620, il donna deux cloches à l'église de *Beaucamps-le-Jeune*.

Charles de Runes, seigneur de *Beaucamps*, Bourseville, marquis de Fouquesolles, colonel d'infanterie, épousa en 1635, en présence de Georges de Monchy et de Bertrand de Montcravel, gouverneur d'Ardres, Jeanne-Marie-Angélique Lambert d'Herbigny, fille de François et de Jeanne de Mesmes. De cette union naquit, le 7 juin 1637, Charlotte-Thérèse de Runes, qui mourut le 25 novembre 1682 après avoir été alliée à Louis, marquis d'Estrades.

Charles de Runes fut tué en 1638 au siège de Saint-Omer.

Cette famille, originaire du Danemark, avait pour armes : *d'argent au sautoir d'azur, accompagné de 4 aiglettes de gueules.*

Par son mariage avec Thérèse de Runes (1), *Louis d'Estrades*, fils de Louis Godefroy et de Marie de Lallier, devint seigneur de *Beaucamps-le-Jeune*. Après le décès de son père, il fut nommé maire perpétuel de Bordeaux, maître de camp de cavalerie, gouverneur de Gravelines et de Dunkerque. Il mourut à Bezemont le 10 février 1711, laissant un fils de Thérèse de Runes,

(1) Dans la chapelle du château de Beaucamps-le-Jeune, Thérèse de Runes est représentée en religieuse. Elle est agenouillée devant une table sur laquelle se trouve un sablier. Au-dessus de sa tête sont deux anges supportant une couronne de fleurs.

Louis d'Estrades ayant fait de folles dépenses, Thérèse de Runes demanda et obtint une séparation de biens. Elle fit hommage de sa terre de Beaucamps au duc d'Aumale le 20 août 1673.

Louis Godefroy, et plusieurs enfants (1) de sa seconde femme, Anne Blouin, fille de Jérôme (2), premier valet de chambre du roi et gouverneur de Versailles.

Louis Godefroy, comte d'Estrades, chevalier, seigneur de *Beaucamps-le-Jeune* et d'Odrehem, marquis de Fouquesolles, était maire perpétuel de Bordeaux en février 1711. Capitaine de chevau-légers au régiment de Mgr le Dauphin, il fut appelé quelques années plus tard au grade de colonel d'un régiment de dragons, à la tête duquel il prit un étendard sur les ennemis à la journée de Luzzara (Italie), 15 août 1702.

En 1704, on le nomma maréchal de camp, et le 29 novembre 1710, lieutenant général des armées du roi. Il servit en Allemagne et se distingua à la défense d'Aire, en Flandre. Ayant accompagné en 1717 le prince de Dombes en Hongrie, il eut une jambe emportée d'un coup de canon le 4 août de cette année, en visitant un petit fort placé non loin de la ville de Bellegarde. Louis Godefroy mourut le 18 du même mois et fut enterré dans l'église des Récollets de Peterwardein.

De son mariage avec Charlotte Le Normand du Fort, fille de Charles, secrétaire du roi, et de Marie Parthon (3), naquirent :

1° Louis Godefroy, qui suit ;

(1) Ces enfants furent : 1° Louise-Françoise, Armande, mariée le 28 novembre 1703 à Pierre-Charles Lambert d'Herbigny, marquis de Thibouville, maître des requêtes et conseiller au Parlement de Metz. Armande d'Estrades mourut le 10 octobre 1731 à Luciennes, près Marly, âgée de 47 ans.

2° Louise-Thérèse-Angélique, décédée sans alliance en 1729 et enterrée à Saint-Benoist de Paris.

(2) Jérôme Blouin avait épousé Marie-Armande Sénéchal, morte en 1717 et enterrée à Saint-Nicolas du Chardonnet de Paris.

(3) Le père de Marie Parthon, Guillaume, était chirurgien-oculiste du roi.

2° Jean Godefroy Charles, né le 11 octobre 1697, appelé l'abbé d'Estrades, décédé en octobre 1719 ;

3° Charles Jean, dit le comte d'Estrades, né le 21 janvier 1709. Enseigne au régiment des gardes, puis lieutenant au même régiment, il fut tué le 19 juillet 1743 au combat de Dettingen, sans laisser d'héritier de son union avec Mlle Huguet de Semonville, qui devint, en 1749, dame d'atours de mesdames de France, filles de Louis XV ;

4° Marie-Charlotte, née le 4 janvier 1696 et mariée le 23 décembre 1717 à Pierre Jean Romanet (1) ;

5° Anne-Renée, qui naquit le 16 avril 1700 et fut alliée en avril 1721 à Henri de Baschi, né à Montpellier le 13 mai 1687, seigneur du Cayla, marquis de Pignan, baron de Las-Ribes, colonel de dragons. Anne-Renée mourut le 4 novembre 1725, laissant une fille unique, Suzanne-Françoise de Baschi. qui épousa le 11 août 1745 son cousin Jean-François, des comtes de Baschi, marquis du Cayla, né à Aubais le 23 décembre 1717.

Louis Godefroy, deuxième du nom, marquis d'Estrades, seigneur de *Beaucamps-le-Jeune*, vint au monde le 19 février 1695. Il suivit son père au siège d'Aire, puis en Hongrie, et assista à plusieurs batailles. En 1718, il fut nommé maire perpétuel de Bordeaux, et vers 1750 il était maître de camp réformé de cavalerie. De son mariage, qu'il tint secret jusqu'en 1753, avec Marie-Jeanne-Charlotte-Catherine de Xaintonge de Richemont, il n'eut point d'enfants.

Louis Godefroy d'Estrades fit son testament le 1er août 1766, et mourut à Paris le 2 mars 1769 (2).

(1) Jean Romanet, conseiller au Parlement de Paris, mourut à l'âge de 65 ans, le 5 octobre 1750, après avoir été président au grand conseil.

(2) Extrait des registres de l'état civil de *Beaucamps-le-Jeune :*

Les armes du marquis d'Estrades étaient : *Ecartelé au 1 de gueules, au lion d'argent couché sur une terrasse de sinople sous un palmier d'or qui est* d'Estrades ; *au 2 d'azur, à la fasce d'argent accompagnée de 3 têtes de léopards d'or, 2 et 1 qui est* La Pôle-Suffolck ; *au 3 écartelé en sautoir, le chef et la pointe de sinople, a 2 bandes de gueules, bordées d'or, flanqué d'or avec ces paroles d'azur :* Ave Maria *a dextre et* gratia plena *a senestre qui est de* Mendoze, *et au 4 de gueules à 7 losanges d'argent, 3, 3 et 1 qui est* Arnoul.

Louis Godefroy d'Estrades ne laissant aucune postérité, la terre de *Beaucamps-le-Jeune* passa à sa nièce, fille d'Anne-Renée, sa sœur. Comme nous l'avons vu précédemment, Anne-Renée d'Estrades eut de son mariage avec Henri de Baschi une fille, Suzanne-Françoise, née le 20 avril 1724, morte le 20 octobre 1773. Cette dernière épousa le 11 août 1745 Jean-François de Baschi, son cousin, décédé le 28 février 1758.

De cette alliance naquirent : 1° Henri-Louis (1746-1749) ; 2° Suzanne-Caroline, mariée en 1770 à François de Baschi, son cousin ; 3° Diane-Henriette-Louise-Godelphine ; 4° Gabrielle-Pauline ; 5° Gabrielle-Alexandrine, morte à Montpellier le 29 novembre 1759.

A la mort de Suzanne-Françoise, 1773, les biens

« L'an 1769, le jeudy second jour de Mars, haut et puissant seigneur Louis Godefroy, marquis d'Estrades, seigneur de cette paroisse, de Montmarquet, Lafresnoye, Guémicourt, Bourseville, Offoy, Fouxolles et autres lieux, maire perpétuel de la ville de Bordeaux, mary de haute et puissante dame Marie-Jeanne-Charlotte-Catherine de Xaintonge de Richemont, est décédé en son hôtel à Paris, rue Saint-Louis-au-Marais, paroisse Saint-Gervais, après avoir receu les sacremens avec édification et étant âgé de soixante-quatorze à soixante-quinze ans. Ce que nous avons signé le neuvième jour du susdit mois de mars sur le rapport fidèle qui nous en a été fait.

« *Signé :* Poyret. »

qu'elle avait hérités du marquis d'Estrades furent partagés entre ses trois filles, Suzanne, Diane-Louise et Gabrielle-Pauline.

N'ayant pu s'entendre au sujet de la terre de *Beaucamps-le-Jeune*, Gabrielle-Pauline racheta cette seigneurie moyennant une somme assez élevée qu'elle s'engagea à verser à ses deux sœurs Suzanne et Diane, épouse du marquis de Chazeron.

Armes des de Baschi : *d'argent à la fasce de sable.*

Gabrielle-Pauline de Baschi, femme de Marie-Joseph-René, comte de Turenne, marquis d'Aynac, seigneur de Saint-Jean de Mirabel, Montmurat, maître de camp de cavalerie, chevalier de Saint-Jean de Jérusalem, vendit le 10 avril 1778 la seigneurie de *Beaucamps-le-Jeune* à Louis Sanson, chevalier, seigneur de Frière, et à son fils Jean-Louis, seigneur des Zoteux.

Louis Samson, baron de Frière, seigneur du Bas et du Haut-Mesnil, *Beaucamps-le-Jeune,* Franleu, Monchaux, Becquerel, Acheux, Berneuil, Guémicourt, la Fresnoye, mourut à *Beaucamps-le-Jeune,* le 24 septembre 1786 (1). De son union avec Marie-Nicolle-Jeanne Le Sellier de Ham (2), dame des Zoteux, Maigneville, Frireulle,

(1) Extrait des registres de l'état civil de Beaucamps-le-Jeune : « L'an mil sept cent quatre-vingt-six, ce jourd'huy vingt-quatrième de septembre, est décédé messire Louis Samson de Frière, chevalier, baron de Frière, seigneur du Mesnil, Franleu, Haut-Mesnil, Mouchaux, Acheux, Becquerel, Berneuil et autres lieux, muni des sacrements de pénitence et d'extrême-onction. Son corps, présenté le lendemain à l'église de cette paroisse et ensuite transporté à Frireulle, hameau de la paroisse d'Acheux, diocèse d'Amiens, pour être inhumé dans la chapelle dudit lieu en présence de Jean-Louis Samson de Frière, seigneur des Zoteux, Frireulle, Hauchy, Meigneville et autres lieux, son fils, et de maître Claude Cailly, prêtre, professeur au collège d'Abbeville. Soussigné, le dit jour et an que dessus. »

(2) Marie-Nicolle-Jeanne Le Sellier de Ham appartenait à une

Hauchy, il eut un fils, *Jean-Louis Samson,* marié à Mademoiselle Françoise - Flavie - Fidèle Abbeville de Dompierre, dame de Saucourt, qui lui donna plusieurs enfants :

1° Louise-Françoise-Aurélie, alliée par contrat du 27 septembre 1807 à Pierre-Charles Lefèbvre de Wadicourt. Ce dernier servit dans l'armée de Condé pendant la Révolution.

2° Sanson - Louis - Hercule Sanson de Frière, uni le 8 novembre 1813, à Charlotte-Victorine de Cossette (1), fille de François Marie, ancien page et officier de dragons, et de Marie-Rose-Suzanne Le Ver de Charteraine.

Le troisième enfant de Jean-Louis Sanson, Abraham-Charles-Henry-Olivier, étudia le droit à Paris et mourut sans postérité, laissant le château de *Beaucamps-le-Jeune* et ses dépendances à Louis-Hercule.

Louis-Hercule Sanson de Frière eut trois filles : Mlles Adeline, qui épousa M. de Lanigou ; Caroline, morte célibataire, et Louise-Marie-Victorine, née à Wailly, mariée le 16 janvier 1844 à M. Gabriel-Henri des Mazis (2), chevalier de la Légion d'honneur, né à Paris et fils de M. Alexandre des Mazis et de Mme Marie-Henriette des Mazis. De cette union naquirent MM. Christian et Guillaume des Mazis, Mlles Marie, Jeanne et Louise des Mazis.

famille alliée aux de Poix, aux Boufflers, aux Pestiviers, aux Danzel de Bosse, aux de Vignacourt, dont un membre, Alof, fut élu grand-maître de Malte le 10 février 1601, et mourut le 14 septembre 1622, âgé de 75 ans.

(1) Décédée à Tours, en Vimeu.

(2) Décédé à Beaucamps-le-Jeune le 26 juillet 1890, âgé de 81 ans. Mme des Mazis mourut au château de Beaucamps le 22 juin 1894, dans sa 76e année.

Armes des Sanson de Frière (1) : *d'or à 3 merlettes de sable becquetées et pattées de gueules.* Devise : *Ex forti dulcedo.* Armes des des Mazis : *de gueules à la fasce*

(1) La famille Sanson de Frière, très ancienne, est d'origine béarnaise. Jacob Sanson, qui vivait au xve siècle, servit Charles VII, roi de France, en qualité de cornette de cavalerie, sous la conduite du fameux Lahire. En 1429, il s'établit à Abbeville et devint la souche des Sanson, de Picardie. « La famille des Sanson a toujours servi les rois et la patrie avec fidélité et désintéressement, dans le clergé, la magistrature, les armées et les sciences ». Elle a produit « plusieurs savants », entre autres :

Dom Nicolas Sanson, chartreux, auteur de poésies et de plusieurs vies des saintes de la maison de Gosne, en Artois. Il mourut le 23 avril 1595.

Dom François Sanson, décédé saintement en la Chartreuse d'Abbeville le 24 août 1623, auteur d'ouvrages spirituels en vers et en prose, « tant latins que français ».

Mathieu, savant capucin, né à Abbeville, plus connu sous le nom de Nicolas Sanson, fit l'oraison funèbre du roi Henri IV (1610), et mourut en odeur de sainteté. Avant la Révolution on célébrait chaque année, le 28 juillet, dans « l'église royale et collegiale de Saint-Wulfran », un service solennel de Saint-Sanson, auquel était invité le chef de la famille Sanson de Frière. « Il assistait à cet office dans les hautes stalles et y avait la retribution de chanoine. »

Nicolas Samson, autre membre de cette famille, né à Abbeville le 20 décembre 1600, se rendit illustre par ses vastes connaissances en géographie et en mathématiques. Il publia plusieurs ouvrages estimés et devenus très rares, parmi lesquels *Britannia,* ancien nom d'Abbeville, 1635, et d'excellentes cartes en 1644.

Nommé conseiller d'État, géographe du roi en 1638 avec une pension de 2,000 livres, il fut employé comme ingénieur aux fortifications d'Abbeville, Ardres, Guines et Pont-Remy. Nicolas Sanson eut l'honneur de loger le roi Louis XIII, de passage à Abbeville, et obtint de ce prince les ordres nécessaires pour la construction de l'Observatoire de Paris. Il fit venir en France le célèbre Cassini et tous deux collaborèrent à de nombreux travaux.

d'or chargée de 3 molettes de sable. Tenants : *deux pucelles échevelées vêtues à l'antique des couleurs de l'écu.* Timbre : *un casque taré de front.* Cimier : *une*

Sanson le géographe mourut à Paris le 7 juillet 1667. Son portrait, peint par Darrest, fut gravé par Edlink.

Sanson se fit une réputation universelle ; c'était l'homme le plus éminent de son époque. Frédéric II, roi de Prusse, en parle en ces termes au chant III de son poème sur l'*Art de la guerre :*

> Je vois les chastes sœurs dans ces parvis sacrés ;
> Leurs utiles travaux n'y sont point ignorés,
> Un compas à la main, j'aperçois Uranie,
> Qui mesurant la terre et sa forme aplatie,
> Nous dépeint en petit, par ses crayons discrets,
> Les différens États que contient l'univers ;
> Chaque point sur la terre a son ordre et sa place,
> D'un hémisphère à l'autre elle a marqué la trace ;
> Sanson avec Vauban, ses dignes favoris,
> Des novices guerriers cultivent les esprits,
> Elle leur montre à tous, dans des cartes guerrières,
> Les pays, les cités, les monts et les rivières,
> Les forts que l'on doit prendre et ceux qu'on doit laisser,
> Les chemins reconnus qu'un corps peut traverser.

De son mariage avec une demoiselle Le Moitier qu'il épousa le 3 août 1621, Nicolas Sanson eut cinq enfants, dont Guillaume Sanson, né en 1633 et mort à Paris en 1703. Ce dernier laissa quelques travaux sur la géographie.

Mentionnons, en terminant, le R. P. Ignace-Joseph SANSON, prieur de la maison des Carmes, auteur de plusieurs ouvrages sur le *Ponthieu*, et messire Sanson, seigneur de Becquerel, chanoine de Saint-Wulfran, qui fut le premier fondateur d'une bibliothèque publique à Abbeville, « à laquelle il a donné tous ses livres et une maison pour les y placer. Cette maison ayant été vendue pendant la Révolution, les livres furent transportés à l'Hôtel de Ville, avec beaucoup d'autres provenant des abbayes, où par les soins de MM. d'Aunis, de Campanelle, de Roquemont, maire et administrateurs, on a formé une vaste et belle bibliothèque publique, dans laquelle a été placé sur une colonne le buste de Nicolas Sanson, et, dans une niche, le tableau de M. Choquet, où sont représentés les hommes du comté de Ponthieu et d'Abbeville, sa capitale, qui se sont fait un nom dans les

*pucelle issante de même, tenant en main la bannière de
la dite maison au blason de l'écu* (1).

sciences et les arts, à la tête desquels on distingue notre bon roi
Henri IV, de glorieuse mémoire, qui se plaisait à se dire citoyen
d'Abbeville ». (D'après une notice généalogique de MM. de Sanson,
rédigée à Paris le 4 février 1825.)

(1) La famille des Mazis remonte à Jean, premier échanson du
duc de Bourgogne, qui se signale dans plusieurs rencontres. En
1429, il fit prisonnier Dunois, bâtard d'Orléans, et quelques années
après il fut nommé capitaine des villes et châteaux d'Étampes et
de Dourdan. De son mariage avec Jeanne de Brouillard il eut
douze enfants.

L'Église. — Le Patronage de l'Église. — Cloches.

Ainsi que nous l'apprend un document que nous mentionnons plus loin, il existait au XIIIe siècle une église à *Beaucamps-le-Jeune*.

Cette église, reconstruite vers le XVe siècle, fut remplacée par un édifice beaucoup plus grand qui disparut entièrement dans l'incendie de 1704. Quelques années plus tard, on rebâtit une nouvelle église dont le clocher ne fut élevé qu'en 1736.

Cette dernière église, entièrement en briques, subsiste encore et n'a rien de remarquable, à l'exception toutefois de quelques vitraux de date récente offerts par les familles des Mazis et Baude. Ces vitraux représentent l'Annonciation, la Visitation, l'Assomption et saint Louis portant la couronne d'épines.

L'église de *Beaucamps-le-Jeune* possède une magnifique relique de la vraie Croix (1), rapportée suivant la tradition par un seigneur de *Beaucamps* qui fit une croisade.

Une confrérie d'hommes, existant depuis un temps immémorial, escorte cette relique aux principales fêtes, et ses membres ont comme marque distinctive un *chaperon* blanc et rouge parsemé de croix de Malte de mêmes couleurs.

Quand un membre meurt, les confrères portent son corps à l'église et au cimetière, et sonnent chacun une volée en son honneur.

L'église est dédiée à l'Immaculée Conception. Avant

---

(1) Cette relique comprend deux parties qui atteignent les dimensions suivantes : 0ᵐ06 1/2 et 0ᵐ04.

la Révolution, la paroisse de *Beaucamps-le-Jeune* faisait partie du diocèse de Rouen, de l'archidiaconé d'Eu et du doyenné d'Aumale.

La cure rapportait, en 1648, 600 livres (1). L'aveu servi au seigneur de *Beaucamps-le-Jeune* par Le Vaillant de Charny, curé de ce village, nous apprend qu'en 1690 la fabrique tenait de « la dite seigneurie 1/2 journel de terre (2) de 50 perches, au lieudit la Vallecte ». D'autres dénombrements attribuent à l'église de *Beaucamps* une huitaine de journaux de terre en labour. D'après une déclaration du 13 avril 1712, les revenus de la paroisse s'élevaient à 300 livres, outre le presbytère qui consistait en « un manoir presbytéral, granges et autres batiments contenant environ 8 ou 10 perches ».

En 1783, l'Hôtel de Ville d'Abbeville créa une rente de 100 livres tournois en faveur de l'église de *Beaucamps-le-Jeune*. Cette rente était garantie par 37 journaux de terre situés à Menchecourt et par 27 autres journaux appelés les « prés Tassacq (3) ».

Patronage. — Les seigneurs de *Beaucamps-le-Jeune* avaient sur l'église de ce lieu un droit de patronage qui remontait au xiiie siècle et qui leur permettait de présenter à la cure. La tradition nous fait connaître qu'avant cette époque les habitants de *Beaucamps-le-Jeune* « étaient réduits à aller entendre la messe à *Beaucamps-le-Vieux*, qui est à la distance d'une demie lieue (4) ». Ce fut pour remédier à cet état de choses

(1) Pouillé général contenant les bénéfices de l'archevèque de Rouen.

(2) Archives du château de *Beaucamps-le-Jeune*.

(3) Registre aux délibérations de la commune.

(4) Mémoire en faveur de Louis Godefroy d'Estrades, seigneur de *Beaucamps-le-Jeune*, contre Louis-Auguste de Bourbon, duc d'Aumale.

qu'un seigneur dont le nom nous est inconnu démembra de sa seigneurie une portion de terrain sur laquelle était construit son manoir (1) et fit édifier sur cet emplacement une église. « Il accompagna ce bienfait de différents ornements nécessaires au service divin, du don d'un cimetière et d'un presbytère (2). »

En reconnaissance de cette libéralité, la fabrique payait encore au siècle dernier, « le jour et terme de la Saint-Remy (3) », 5 sols tournois de rente seigneuriale aux possesseurs de la terre de *Beaucamps*.

De la fondation du patronage jusqu'à l'année 1293, les seigneurs de *Beaucamps* exercèrent sans aucune difficulté le privilège de nommer à la cure, et, en 1236, Jean de Beaucamps désigna Michel. On prétend qu'en 1293 Guillaume de Beaucamps céda ses droits sur l'église de *Beaucamps* au comte d'Aumale, et qu'en 1339 ce même seigneur confirma l'acte de 1293.

A partir de cette époque, de vives contestations s'élevèrent entre les comtes d'Aumale et les seigneurs de *Beaucamps-le-Jeune*, au sujet de la présentation à la cure de cette paroisse, les premiers se basant sur les cessions de 1293 et 1339 et les seconds sur une question de droit qui interdisait au seigneur de vendre ou de donner le patronage d'une église sans aliéner le fief auquel il était attaché (4). En l'année 1476, « la cure

(1) Archives du château de *Beaucamps-le-Jeune* et de l'église.

(2) Mémoire pour le marquis d'Estrades. — Ce mémoire fut publié en 1894 par M. l'abbé A.-J. Armand, alors curé de Coulle-melle.

(3) Archives du château de *Beaucamps*.

(4) Le patronage était un droit honorifique accordé aux laïques qui avaient fondé ou construit l'église, de lui donner un curé. La terre sur laquelle était bâtie l'église formait une glèbe dépendante d'un fief.

étant venue à vaquer par suite du décès du titulaire, nommé Jean Masse, le sieur de Pisseleu y ayant présenté Frognet, son chapelain, le comte d'Aumale s'avisa pour la première fois de s'opposer à la présentation du seigneur (1) ». Un procès régla la question en faveur de Guillaume de Pisseleu (2).

« Le comte d'Aumale ne se rebuta point de ce mauvais succès ; les tribunaux lui étant contraires, il eut recours à la négociation, et ce qu'il n'avait pu obtenir par le droit, fut l'ouvrage du crédit et de l'artifice. En 1498, la cure vaquait, et le sieur de Pisseleu y avait présenté Godefroy de Villepoix (son beau-frère) ; le comte d'Aumale saisit cette occasion pour lui faire insinuer que ses prédécesseurs avaient cédé aux siens le patronage, qu'au surplus il ne troublerait point son pourvu et aurait soin de lui tenir compte de la déférence qu'il lui demandait pour ce qu'avaient fait les précédents seigneurs. »

Guillaume de Pisseleu n'eut pas la force de résister au comte d'Aumale, et, le 6 septembre 1498, il se désista en faveur de ce dernier, tout en convenant « que le patronage est réel et attaché à la terre de *Beaucamps-le-Jeune*, et qu'il lui appartient à cause de sa droite seigneurie », mais que « pour entretenir l'obligation de ses prédécesseurs, il s'en départ à toujours en faveur du comte d'Aumale et de ses successeurs (3) ».

(1) *Mémoire pour le marquis d'Estrades.*

(2) Ibid. *Pro collatione Ecclesiæ Parochialis de Bello campo juniori decanatus de Alba-Malla vacantis per obitum Domini Johannis Masse, facta Domino Antonio Frognet presbytero, post decisionem Brevii juris Patronatus, occisi post appuntuamentum, ad intentum nobilis viri Guillelmi de Pisseleu, armigeri, contra potentem virum dominum comitem de Alba-Malla vigesima septima septembris.*

(3) Mémoire déjà cité.

A dater de cette époque jusqu'en 1542, il est difficile de suivre cette question du patronage de l'église de *Beaucamps-le-Jeune*, étant donné que le *Mémoire pour le marquis d'Estrades* qui nous fournit ces renseignements devient très confus. Adrien de Pisseleu cité dans ce document ne fut jamais seigneur de *Beaucamps*.

Nous pensons néanmoins que l'acte de 1498 demeura sans effet, ce qui nous permet de supposer qu'en 1521, après le décès de Godefroy de Villepoix, Guillaume de Pisseleu nomma à la cure de *Beaucamps-le-Jeune* Guillaume Le Failry, qui la desservit jusqu'en 1531. Vers ce temps mourut Guillaume de Pisseleu, et la seigneurie tomba entre les mains de ses enfants, qui laissèrent présenter en 1531 le sieur de la Guerre par le comte d'Aumale.

Louise de Pisseleu, fille de Guillaume et de Madeleine de Laval, épousa en 1540 Guy Chabot, qui s'opposa aux prétentions du comte d'Aumale et nomma à la cure en 1542 Buffet, et, en 1547, Croize.

Le duc d'Aumale revint alors à la charge, et, s'appuyant sur l'acte de 1498, « osa de son côté nommer curé le sieur Mourot. Cela donna lieu à une contestation qui fut portée à Neufchâtel et décidée par sentence contradictoire du 15 janvier 1548, qui jugea que par les actes de 1293 et de 1498 le patronage n'avait pas été détaché de la seigneurie de *Beaucamps-le-Jeune*, et en conséquence adjugea le plein possessoire du bénéfice à Croize (1) », présenté par Guy Chabot.

« Cette sentence fut exécutée sans appel et cette docilité donnait lieu de croire que les ducs d'Aumale ne troubleraient plus les seigneurs. Cependant Croize étant venu à mourir en 1563, les officiers de la duchesse,

____

(1) *Mémoire* déjà cité.

intéressés à susciter des chicanes dont ils profitaient, présentèrent un nommé de La Hire, tandis que le seigneur nomma David de Hodenc.

« Cette nouvelle tentative ne leur réussit pas mieux que les précédentes. Après un nouvel examen des titres des parties, sentence contradictoire intervint le 24 octobre 1565, les assises tenantes, qui maintint le présenté par le seigneur. »

Charles de Runes, possesseur de la terre de *Beaucamps*, étant mort en Espagne vers 1578, « les officies du duché d'Aumale vinrent apposer les scellés au château de *Beaucamps*, à cause de la minorité de son fils. Le duc d'Aumale était alors si peu regardé comme patron de *Beaucamps*, qu'on remarque que, dans l'inventaire fait par les officiers des titres et effets du défunt, ils énoncent le patronage comme appartenant à la seigneurie de *Beaucamps*. »

« En 1580, la cure vint à vaquer, et le comte d'Aumale qui avait la garde noble du mineur présenta ; mais, douze ans après, la cure ayant de nouveau vaqué, David de Runes devenu majeur y présenta le sieur Grevet, qui en jouit paisiblement pendant quarante ans sans opposition de la part du duc d'Aumale. »

« En 1632, le duc d'Aumale nomma à la cure. Charles de Runes (1), pour lors à Bruxelles avec la reine mère, fut averti trop tard, et n'ayant présenté qu'après les six mois, sa présentation fut rejetée à l'archevêché de Rouen, sous prétexte que la place se trouvait pleine, *ex eo quod locus jam est plenus.* Tué en 1638 au siège de Saint-Omer, Charles de Runes ne laissa qu'une fille unique, Thérèse, qui se maria en 1658 au marquis d'Estrades. »

(1) Le mémoire met David de Runes : c'est une erreur, le père de Thérèse de Runes étant Charles de Runes.

A la mort du curé Poyret, arrivée en 1680, le seigneur de *Beaucamps-le-Jeune* nomma à la cure de Charny-le-Vaillant, à qui la duchesse d'Aumale opposa le sieur Boult. « C'était la suite naturelle de ces minorités de familiariser le duc d'Aumale avec le patronage de Beaucamps. Se renfermer dans les bornes de la minorité du vassal, distinguer avec soin les temps et les circonstances, était une modération dont l'intérêt des officiers d'Aumale ne leur permettait pas d'être capables (1) ».

« Il fallut donc plaider. La contestation fut d'abord portée à Neufchâtel, et, le tribunal ne paraissant pas de bon augure, elle fut évoquée aux requêtes du Palais et ensuite appointée. Madame la duchesse de Savoie (duchesse d'Aumale) se porta appelante de cette sentence, et, le 11 juillet 1684, elle obtint en la cour un arrêt contre le tuteur des enfants mineurs de la marquise d'Estrades (2), qui la maintint dans le droit de patronage ».

Vaillant s'y fit recevoir opposant, et, le 17 août, il y eut un arrêt qui l'envoya en possession.

« Madame de Savoie ni son présenté ne crurent pas que la prudence leur permît de pousser plus loin leur opposition et laissèrent Vaillant jouir paisiblement de la cure pendant quarante ans. »

En 1717, le comte d'Estrades fut tué à la guerre de Hongrie, et cette mort imprévue laissa la terre de Beaucamps à sa veuve, qui, en 1720, au décès de de Charny-le-Vaillant, écrivit à « M. le duc du Maine pour lui exposer son droit. Elle présumait qu'il sacrifierait sans peine une mauvaise prétention à celle qui pleurait

____

(1) Mémoire déjà cité.
(2) *Ibid.*

encore la perte récente d'un mari qui s'était sacrifié à ses intérêts les plus pressants (1) ».

« Cette espérance fut trompée. M. le duc du Maine se contenta de la renvoyer par sa lettre du 6 décembre 1720 à son intendant, qu'il lui indiqua pour juge. La dame comtesse d'Estrades eut la facilité de déférer à ce conseil, et cet arbitre équitable ayant prononcé qu'elle indiquerait le particulier pour lequel elle s'intéressait, qui serait présenté par M. le duc du Maine. Flattée trop légèrement de ménager par là une protection puissante à ses enfants, elle exécuta ce jugement et nomma le sieur Engrand, qui fut pourvu de la cure à la présentation de M. le duc du Maine (2). »

Engrand mourut le 17 mars 1731. « Le conseil de M. le duc du Maine, prompt à oublier la parole donnée à la dame comtesse d'Estrades, de la consulter elle ou ses enfants sur le choix à faire, présenta en son nom le sieur de Brossard. »

« Le marquis d'Estrades, moins piqué de ce procédé que porté à défendre les droits de sa terre, qu'il ne lui est pas permis de négliger, a, de sa part, nommé le sieur Poyvret, qui (3) prit possession de la cure le 24 avril 1731. »

Le duc du Maine ayant assigné le marquis d'Estrades « en la Cour », un jugement fut rendu en faveur du seigneur de *Beaucamps-le-Jeune*. Le tribunal reconnut que le patronage de l'église était réel et attaché à la seigneurie du lieu, que par conséquent le droit de présentation à la cure revenait au marquis d'Estrades, seigneur de *Beaucamps-le-Jeune*.

---

(1) Ibid.
(2) Ibid.
(3) *Mémoire pour le marquis d'Estrades.*

Cloches. — En 1620, Jacques de Runes, seigneur de Beaucamps, fit don de deux cloches à l'église de cette paroisse, et, en 1699, Charlotte Le Normand, épouse de Louis Godefroy, comte d'Estrades, fit fondre une troisième cloche.

Anéanties dans l'incendie de 1704, deux cloches furent reconstituées en 1724, aux frais de Charlotte Le Normand, et une cloche moyenne fut coulée en 1730.

Ces cloches subsistèrent jusqu'à la Révolution, et celles que l'on voit aujourd'hui sont de dates récentes, 1841, 1882.

Sur la grosse cloche on lit : *J'ai été bénite par M. Gonse, curé, et nommée Julie-Olympe par M. Adrien Bruneau, l'an 1841. Coussot, propriétaire et maire, et dame Olympe Rougemas (marraine), épouse de M. Michel Fournier, propriétaire.*

La petite cloche porte : *J'ai été bénite par M. Gonse, curé, et nommée Éléonore-Alexandrine par M. Jean-Baptiste Désiré, l'an 1841. Talva, propriétaire, et dame Alexandrine Boycuval (marraine), épouse de M. Bruneau-Baude, propriétaire et adjoint.*

Sur la moyenne cloche se trouve l'inscription suivante : *L'an 1882, j'ai été bénite par M. Delormel, doyen d'Hornoy, et nommée Marie-Guillaume par M. Guillaume des Mazis et demoiselle Marie des Mazis. Charles Piteux, curé, Isidore Bourgois, maire de Beaucamps-le-Jeune. Cette cloche pèse 471 kilog.*

Bois de la Queue-Comtesse.

Le bois de la Queue-Comtesse, situé sur le territoire de *Beaucamps-le-Jeune,* et d'une superficie de 106ʰ34ⁿ (107ʰ47ᵃ avec l'avenue), dépendait autrefois de la forêt d'Arguel. Détaché de cette dernière vers le xııᵉ siècle, il entra en 1208 dans la constitution de la dot de Marie de Ponthieu, femme de Simon de Dammartin, comte d'Aumale. Ce fut probablement en souvenir de la comtesse Marie que l'on nomma ainsi ce bois. Confisqué avec les autres biens de Simon par le roi Philippe-Auguste, ce prince abandonna quelques années plus tard, aux religieux de Saint-Martin d'Aumale, cent vingt arpents de « fonds planté », mesure royale dans la partie alors appelée « le triage de la Queue-Comtesse », en échange de certains droits d'usage que possédait l'abbaye sur la forêt d'Arguel.

Ces cent vingt arpents furent appelés le Bois de l'Abbaye. Le comte d'Aumale ayant fait sa soumission au roi, la Queue-Comtesse lui fut rendue et ne fut séparée de la terre d'Aumale qu'à la Révolution.

Possédé dans la suite par divers propriétaires, le bois de la Queue-Comtesse fut acheté vers la fin du second Empire par un membre de la famille de Frière, qui le laissa en héritage à Mᵐᵉ des Mazis, sa sœur.

Bois de l'Abbaye. — Le bois de l'Abbaye, dont la superficie est aujourd'hui de 33ʰ25ⁿ77ᶜ, demeura la propriété des religieux de Saint-Martin d'Aumale jusqu'en 1587. Vendu à cette époque pour subvenir aux taxes imposées sur le clergé, il ne fut compris dans la seigneurie de Beaucamps qu'en 1626, par l'acquisition qu'en fit Jacques de Runes, de Mathias et de son frère Nicolas d'Arandel, seigneur de Guémicourt.

Le Château.

Le château de *Béaucamps-le-Jeune*, entièrement construit en briques, fut édifié au xvie siècle et considérablement agrandi aux siècles suivants. Il occupe l'emplacement d'un manoir beaucoup plus ancien et remontant
au xiiie siècle.

Commencé en 1537, probablement sur l'initiative
d'Anne de Pisseleu, il fut continué et achevé par la
famille de Runes, qui entreprit les bâtiments se trou-
vant dans la cour. Les comtes d'Estrades terminèrent
ces travaux. Le château de *Beaucamps-le-Jeune* n'offre
rien de particulier. La porte, de forme ogivale, est
flanquée de deux tours qui donnent à l'édifice l'aspect
d'un ancien château-fort.

A l'intérieur, on trouve une magnifique salle à manger,
récemment restaurée, et un immense salon communi-
quant avec une petite chapelle placée dans une tour.

Dans l'une des chambres du château existe un
portrait d'un membre de la famille d'Estrades.

Anne de Pisseleu.

Anne de Pisseleu, connue aussi sous les noms de Mademoiselle d'Heilly (1), de duchesse d'Étampes, naquit vraisemblablement à Beaucamps-le-Jeune, vers 1508. Elle était fille de Guillaume de Pisseleu et d'Anne Sanguin, sa troisième femme, fille d'Antoine, seigneur de Meudon, et de Marie Simon.

« Dès l'âge de 17 ou 18 ans, pendant que l'on négociait la délivrance du roi, Anne entra, en vertu du privilège de la vieille et déjà pauvre noblesse, et suivant une coutume que devaient encourager Louise de Savoie et Catherine de Médicis, deux maîtresses femmes, savantes dans l'art du *Quid fœmina possit,* et qui substituèrent avec avantage la galanterie à la diplomatie, dans le corps encore novice des filles d'honneur. Ce n'était pas encore tout à fait cette institution tout italienne dont nous verrons folâtrer le séduisant essaim autour de l'astucieuse veuve de Henri II, poétique escadron dont Brantôme a raconté les prouesses ; mais c'était déjà un groupe ravissant de jeunes filles mûries au soleil des cours, c'est-à-dire plus jolies que vertueuses, qui ne dissimulaient pas trop leur impatience de conquérir un mari à la pointe de l'œillade et arrivaient au vainqueur fort déniaisées. Marot a consacré de jolis vers à saluer d'une aubade parfois ironique les plus

(1) Certains documents permettent d'affirmer qu'Anne de Pisseleu naquit à Beaucamps-le-Jeune ; nous en sommes même persuadé. Anne aima toujours ce pays, y posséda quelques biens, y vint souvent. Son nom de Mlle d'Heilly lui vient d'une terre que lui donna son père.

ANNE DE PISSELEU

spirituelles et les plus belles de cette troupe légère, habituée à la liberté un peu mythologique des Décamérons et qui jouira bientôt du privilège de fournir des maîtresses, aux rois, aux princes, et même aux simples gentilshommes, depuis M{::}lle de Heilly jusqu'à M{::}lle de Séry, depuis François I{::}er jusqu'au Régent. Anne de Pisseleu figure dans l'escadron et y éclipse toute rivalité, juste au moment de la délivrance du roi (1). »

En l'année 1526, Anne, qui venait d'atteindre sa dix-huitième année et était dans tout l'éclat de sa beauté incomparable (2), fut emmenée à Bayonne, où François I{::}er, revenant d'Espagne, devait avoir une entrevue avec Louise de Savoie. C'est dans cette ville que fut présentée au roi, « par les soins plus prévoyants que délicats de sa mère », qui cherchait à le dominer, Mademoiselle d'Heilly, femme charmante, dont la gaîté, l'esprit et l'intelligence en faisaient la personne la plus aimable, la plus agréable de l'entourage de Louise de Savoie. Cette dernière, d'un tact parfait, dit Michelet, avait deviné et trouvé la vraie maîtresse du moment, une blanche de blancheur éblouissante, en haine de l'Es-

____

(1) DE LESCURE : *Les Amours de François I{::}er*, pp. 253-254.

(2) A ce sujet, Marot lui adresse ces vers :

Sans préjudice à personne
Je vous donne
La pomme d'or de beauté,
Et de ferme loyauté
La couronne.

Ce même poète, dans d'autres vers, semble nous apprendre que M{::}lle de Pisseleu avait le teint pâle. « Elle se fardait, afin de mettre ce teint en harmonie avec ses yeux. »

Vous reprendrez, je l'affie,
Sur la vie
Le teint que vous a ôté
La déesse de beauté
Par envie.

pagne et de la brune Éléonore, une demoiselle savante
et bien disante, une parleuse pour un roi parleur, très
fatigué déjà, qu'il fallait amuser.

François Ier devint éperdument amoureux de Mademoiselle de Pisseleu et commença cette liaison qui dura
vingt-deux ans par quelques vers où l'on retrouve cette
teinte aimable de galanterie qui lui était si naturelle :

> Est-il point vrai ou si je l'ai songé
> Qu'il est besoin m'éloigner et distraire
> De notre amour et en prendre congé ?
> Las ! je le veux ; et si ne le puis faire.
> Que dis-je ! veux, c'est du tout le contraire,
> Faire, le puis, et ne puis le vouloir.
> Que plus tachez ma liberté me rendre,
> Plus empeschez que ne la puisse avoir,
> Et commandez ce que voulez défendre.

Le triomphe de Mademoiselle de Pisseleu à la cour
de François Ier fut signalé par un trait de jalousie. La
future duchesse d'Étampes ne pouvait songer sans envie
à des devises amoureuses composées par Marguerite
de Valois et que le roi avait fait graver sur des bijoux
offerts à Madame de Chateaubriand (1). Elle obtint que

(1) Françoise de Foix, comtesse de Chateaubriand (1495-
1537), que M. de Lescure appelle « la maîtresse tragique »,
épouse de Jean de Laval, comte de Chateaubriand, conserva la
faveur du roi François Ier jusqu'en 1526, époque où elle fut
supplantée par Anne de Pisseleu. Des bruits étranges ont couru
au sujet de sa mort. Quelques auteurs prétendent que son mari,
après l'avoir enfermée plusieurs années dans une chambre « ten-
due de deuil », la tua d'un coup d'épée. « Son mary goutoit un
plaisir barbare à voir couler ce beau sang qui sortait à gros
bouillons et baignait toute la chambre, il ne voulut point sortir,
qu'il ne la vit hors d'état d'en revenir. A mesure que ses forces
diminuaient, on voyait sur son visage les grâces mourantes jeter
un dernier éclat et ses yeux s'obscurcir insensiblement. Enfin

ce prince exigerait de sa première maîtresse de les lui renvoyer. Madame de Chateaubriand, qui, si elle n'aimait pas François Ier, était femme d'esprit, fit fondre tous les joyaux qu'elle avait reçus du roi et lui remit un lingot, disant qu'elle avait gardé pour elle les devises, « qui ne devaient servir à autre ».

Parvenue à dominer le prince dont elle était la favorite, Anne usa de son pouvoir pour combler les siens de faveurs. Un de ses frères fut nommé à l'évêché d'Amiens, un autre devint abbé de Bourgueil, puis évêque de Condom ; ses sœurs obtinrent des bénéfices importants ou furent alliées à de riches familles.

Le désir de domination qui était en Mademoiselle de Pisseleu fut poussé à un tel point que, sur la fin du règne de François Ier, tourmentée d'avance du pouvoir qu'elle présumait devoir exercer sur le jeune Dauphin par Diane de Poitiers (1), elle donna à cette dernière toutes

ses esprits se retirant peu à peu, elle expira appuyée sur la gouvernante de mademoiselle de Chateaubriand, qui mêlait ses larmes au sang de sa maîtresse. » (16 octobre 1537, d'après Lesconvel.)

(1) Diane de Poitiers naquit le 3 septembre 1499. Son père, Jean de Poitiers, seigneur de Saint-Vallier, faisait remonter sa souche à Guillaume de Poitiers, dernier duc d'Aquitaine. A l'âge de seize ans, Diane fut mariée à Louis de Brezé, comte de Maulevrier, sénéchal de Normandie et petit-fils, du côté maternel, de Charles VII et d'Agnès Sorel, Diane devint la favorite du Dauphin, qui fut plus tard Henri II. En 1548, elle fut créée duchesse de Valentinois, et de ses relations avec le roi naquit une fille, Diane de France, que Henri II légitima malgré l'opposition de la mère. « J'étais née, lui dit-elle à cette occasion, pour avoir des enfants légitimes de vous : j'ai été votre maîtresse parce que je vous aimais, je ne souffrirai pas qu'un arrêt du Parlement me déclare votre concubine. »

Au décès du roi, la duchesse se retira à Anet, son château de prédilection, qu'elle avait orné et embelli. Elle vécut paisible-

les mortifications qu'elle put imaginer. « L'année de ma naissance, lui écrivit-elle un jour, est celle où Madame la Sénéchale se maria. » Il y avait évidemment de l'exagération, puisque Diane épousa Louis de Brézé en 1515 (1).

Abattre la maîtresse du Dauphin, qui l'égalait en beauté, en grâce, en intelligence, mais dont la douceur de caractère lui attirait toutes les sympathies, fut la plus grande préoccupation de la vie de Mademoiselle de Pisseleu. Elle voyait en Diane une puissante rivale capable de dominer le roi et son fils, et de la précipiter dans la disgrâce la plus complète. Cependant, par son esprit, Anne conserva la faveur du roi jusqu'à sa mort, quoiqu'elle n'aimât jamais ce prince, mais sût toujours lui plaire (2).

Anne ne s'était pas trompée au sujet de sa rivale, et quand François Ier descendit dans la tombe, Diane gouverna par son intelligence un prince plus jeune qu'elle de vingt ans.

Les dissensions secrètes que ces deux femmes excitèrent à la cour eurent plus de suite que d'éclat. Malheureusement elles ne furent point étrangères à la poli-

---

ment et retirée du monde jusqu'au 22 avril 1566, époque de sa mort, conservant sa beauté, dit Brantôme, jusqu'au dernier moment.

De son mariage avec Louis de Brézé elle eut deux filles ; l'une devint l'épouse de Robert de La Marck, duc de Bouillon, l'autre fut alliée à Claude de Lorraine, duc d'Aumale.

(1) Louis de Brézé, sénéchal de Normandie, mourut en 1531 et fut enterré dans la cathédrale de Rouen. Sa veuve lui fit ériger de 1535 à 1544 un magnifique tombeau.

(2) Brantôme nous apprend que « si le roy n'était pas fort fidèle à madame d'Étampes, elle ne se piquait pas non plus de beaucoup de fidélité pour lui. »

tique extérieure. Pour diminuer le prestige du Dauphin par une défaite, Anne livra la marche de nos armées aux ennemis qu'il était chargé de combattre. Elle vendit certains secrets d'État à Charles-Quint et à Henri VIII d'Angleterre, et fit signer à François Ier le traité de Crespy (1544).

Quand Charles-Quint vint à Paris, elle conseilla au roi de le retenir prisonnier. Un historien nous apprend que François Ier présenta Mlle de Pisseleu à l'Empereur en lui disant : « Mon frère, cette belle dame que vous voyez, me conseille de vous obliger à détruire à Paris l'ouvrage de Madrid. » Charles répondit froidement : « Si le conseil est bon, il faut le suivre. » N'étant nullement rassuré sur les intentions du Roi de France l'Empereur rechercha les bonnes grâces de la duchesse. Quelques jours après cette entrevue, Charles-Quint eut « l'adroite maladresse » de laisser tomber comme par mégarde un magnifique diamant qu'il avait au doigt.

La duchesse s'empressa de le ramasser ; l'empereur le lui offrit galamment, prétextant que ce bijou était en, « bonnes mains ». Madame d'Étampes comprit la portée de ces paroles et fit changer le Roi de résolution.

Ceci suffirait peut-être à expliquer et à justifier la fameuse devise que François Ier écrivit un jour sur les murs du château de Chambord :

Souvent femme varie
Bien fol est qui s'y fie.

Anne de Pisseleu et Diane de Poitiers eurent sur leurs amants un égal pouvoir. Diane acquit et mérita mieux la célébrité ; elle eut la modération quand elle devint puissante d'oublier les injures et les humiliations que lui avait fait éprouver la duchesse pendant les dernières années du règne de François Ier.

Mademoiselle de Pisseleu fut mariée vers 1535 (1) à Jean de Brosses, deuxième enfant de René de Brosses et de Jeanne de Commines, fille de l'historien, qu'il avait épousée le 13 août 1504 (2). René, traître à sa patrie comme le connétable de Bourbon, son ami, avait quitté la France et s'était fait tuer à la journée de Pavie dans les rangs espagnols (24 février 1525) (3). Son fils Jean, après avoir cherché les moyens de rentrer en possession des biens de son père, « n'en trouva pas de meilleurs que d'épouser la maîtresse de François Ier à qui ce prince voulait donner une dignité à sa cour ». A ce prix, Jean de Brosses fut fait gouverneur du Bourbonnais et de Bretagne, duc d'Étampes par lettres du mois de janvier 1536 (4), « registrées le 18 du même mois », puis duc de Chevreuse. En 1540 le roi lui fit don du collier de l'ordre, distinction que Madame d'Étampes se faisait souvent un plaisir de rappeler à son mari : « Ha ! mon amy, lui disait-elle, que tu eusses couru longtemps fauvettes avant que tu eusses eu ce diable que tu portes au col (5). »

(1) Lorsque Mlle de Pisseleu devint duchesse d'Étampes, Marot lui dédia ces vers :

> Ce plaisant val que l'on nomme Tempé,
> Dont mainte histoire est encore embellie,
> Arrosé d'eaux, si doux si attrempé
> Sachez que plus il n'est en Thessalie.
> Jupiter ! dieu qui les cœurs gagne et lie,
> L'a de Thessalie en France remué.
> Et quelque peu son nom propre mué.
> Car pour Tempé veut qu'Étampes s'appelle.
> Ainsi lui plait, ainsi l'a situé
> Pour loger de France la plus belle.

(2) Jeanne de Commines mourut le 19 mars 1513.

(3) *Brantôme*, t. II, p. 246.

(4) Le Parlement de Paris condamna René à être décapité, et ensuite pendu avec confiscation de tous ses biens (13 août 1521.)

(5) En 1543, François Ier fit une donation à Anne de Pisseleu,

Jean de Brosses mourut sans postérité à Lamballe, le 27 janvier 1564, et fut enterré « en l'église des Cordeliers de Guingamp, dans le tombeau de ses prédécesseurs ».

Anne de Pisseleu avait reçu une éducation soignée et une instruction solide. Elle savait tout ce qu'il était possible de connaître à une époque où, pour s'instruire, il fallait le vouloir fortement. Les littératures grecques et latines lui étaient familières, et elle excellait à composer des vers. Elle maniait la plaisanterie avec facilité et se montrait dans la conversation réservée ou licencieuse, ou tendre ou passionnée. « On sera tenté de trouver cette éducation toute tournée du côté de l'agrément, des plus naturelles, lorsqu'on saura que tout l'avenir d'une famille de trente enfants reposait sur les charmes de cette rouée ingénue qui n'avait d'autre dot que ses yeux et que l'on dut dresser de bonne heure à chasser le roi (1) ».

Heureusement douée sous les rapports de l'intelligence

qu'il qualifie de très chère et aimée cousine, de la terre de Beyne des fiefs de Carcassonne, de la Mallemaison dépendant de Clayes, des terres et seigneuries de Grignon, de Noisy, de Saint-Aubin, de Marmoulins et de Marc « dépendances et appartenan:es de Granges, assises tant au val de Gallye que des environs de nostre ville de Paris ».

« Si nostre cousine décède sans enfans procréés de son corps en loyal mariage, les baronies, terres et seigneuries et chacune d'elle, ainsi qu'elles se comportent et estendent du présent, retomberont entièrement à nous pour en faire et disposer à nostre plaisir et volonté ».

A l'abbaye de Sainct-Fuscian au mois de septembre l'an de grâce 1545 et de nostre règne le 31e. Ainsi, signé Françoys, et sur le reply, par le roy, le cardinal de Lorraine et autres ; puis signé : Bayard. » (*Mémoires de la Société des Antiquaires de Picardie*, t. IX. p. 318 ; 1848.)

(1) V. DE LESCURE, *Les amours de François Ier*.

et de la beauté, Anne était un modèle de grâce et d'enjouement. Avec son tempérament lascif et ses deux grands yeux vifs, d'une profondeur infinie, où se reflétaient son esprit et toutes les passions, elle avait cet art de provoquer les hommes plus encore qu'elle en était provoquée.

Ses vastes connaissances, son éducation soignée, ses charmes extérieurs, lui valurent de ses contemporains le titre élogieux de « la plus savante des belles et de la plus belle des savantes ».

Amie des lettres, protectrice des arts, elle ne sut pas toujours discerner le vrai mérite et engagea de malheureuses querelles avec quelques hommes illustres de la cour de François Ier. Ce fut ainsi qu'elle opposa le Primatice à Benvenuto Cellini, qu'elle accabla de son dédain et de ses railleries.

Très autoritaire, elle fit relever de sa charge le chancelier Poyet, qui ne voulait point plier devant elle, et en 1542, elle fit rétablir dans ses honneurs son ami, l'amiral Chabot.

Sur la fin de ses jours, Anne, retirée dans ses terres, embrassa le protestantisme. Elle mourut dans l'obscurité vers 1576 (1), sans avoir jamais été « ni sympathique ni populaire ».

---

(1) Anne de Pisseleu vivait encore en 1575, époque où elle fit hommage des seigneuries de Challuau, de Beaumont et de Villemor en partie.

Maires de Beaucamps-le-Jeune.

MM.

Rougemas	An I à an X.
Beauvais	An X à an XI.
Rougemas	An XI à 1813.
Maillet	1813-1815.
Rougemas	1815-1816.
Coussot	1816-1848.
Baude	1848-1852.
Monnier	1852-1855.
Baude	1855-1868.
Bourgois	1868-1887.
Fournier	Depuis 1887.

Curés.

MM.

Michel	Vers 1236, vivait en 1244.
Jean Masse	Mort en 1476.
Antoine Frognet	Décédé en 1498.
Godefroy de Villepoix . . .	Mort en 1521.
Guillaume Le Faitry . . .	1521-1531.
de La Guerre	1531-1542.
Buffet	1542-1547.
Croize	1547-1563.
David de Hodeuc	1563-1580.
N***	1580-1592.
Grevet	1592-1632.
Poyret	1632, décédé le 12 décembre 1680.
de Charny-le-Vaillant . . .	1680, décédé en 1720.
Engrand	1720, décédé le 17 mars 1731, enterré dans l'église.
Poyvret	1731, mort le 14 janvier 1779, enterré dans le chœur de l'église.
Poissonnier	1779, curé constitutionnel, décédé le 30 nivôse an X de la République.
Olive	1802-1830.
Gontier	1830-1834.
Malivoir	1834-1835.
Gonse	1835-1844.
Carpentier	1844-1850.
Gavois	1850-1873.
Piteux	1873-1885.
Léméré	1885-1891.
Duverger	Depuis 1891.

Instituteurs.

Avant la Révolution, les registres de l'état civil mentionnent, vers 1749 et 1768, Dubois comme maître d'école de Beaucamps-le-Jeune.

MM.

Dutitre	1793-1803.
Leblanc	1803-1805.
Lucet	1805-1818.
Briet	1818-1830.
Hecquet	1830-1849.
Gentien	1849-1875.
Daragon	1875-1883.
Rohaut	1883-1884.
Savoye	1884-1887.
Gosset	depuis 1887.

TABLE

Reims, Imprimerie de l'Académie (Nestor Monce, dir.), rue Pluche, 124. (64297)